携帯版

永遠の仏陀

The Eternal Buddha

不滅の光、いまここに

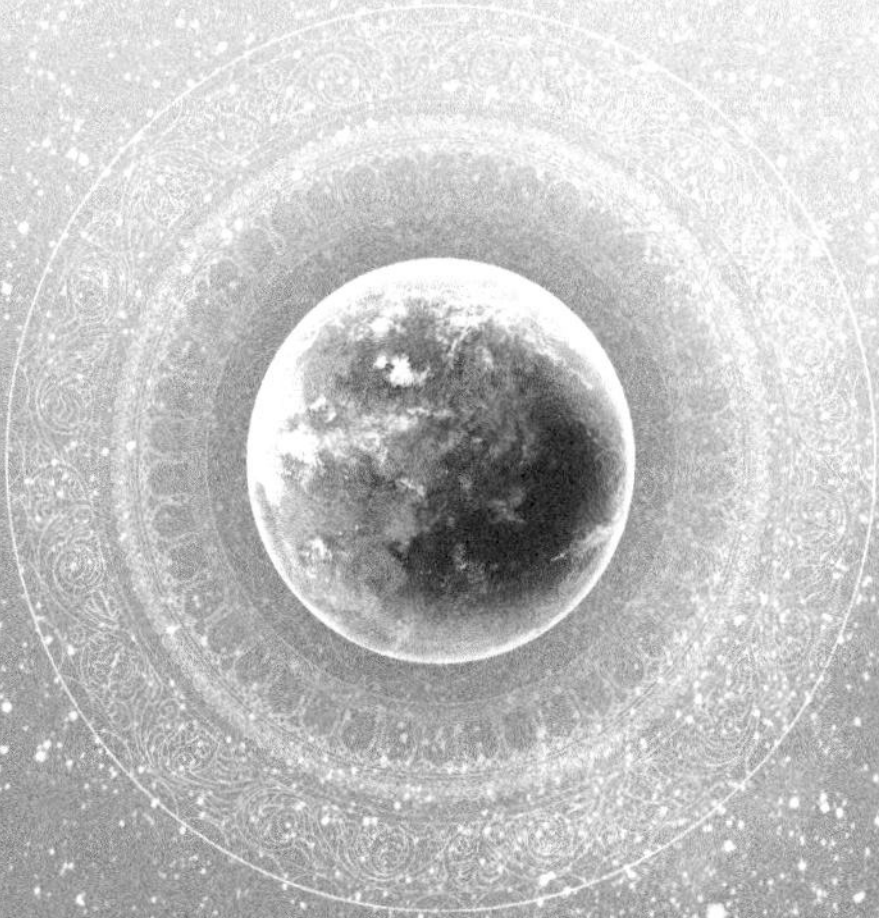

大川隆法

RYUHO OKAWA

改訂新版《かいていしんぱん》・まえがき

仏陀《ぶっだ》の教えには、深遠《しんえん》な真理《しんり》が、平易《へいい》な言葉で述《の》べられている。
これをもって「最高《さいこう》」という。
また、投網《とあみ》を打《う》つかのように、すべての人の機根《きこん》に合《あ》わせた心の法《ほう》が説《と》かれる。
これをもって「最大《さいだい》」という。
さらに、揺《ゆる》がない静かなる自信に裏打《うらう》ちされた言葉で語られる。
これをもって「最強《さいきょう》」という。
永遠の仏陀の法は、限《かぎ》りない神秘性《しんぴせい》と、冴《さ》え渡《わた》る合理性《ごうりせい》とを融合《ゆうごう》しつつ、ガンジス河《がわ》のように、滔滔《とうとう》と流れてゆく。

二千五百年前の真理《しんり》は、現在《いま》もまだ真理であり、三千年の後《のち》にも、真理であり続けるだろう。

これをもって、「最勝《さいしょう》」と称《しょう》するのである。

一九九九年　盛夏

幸福《こうふく》の科学《かがく》グループ創始者兼総裁《そうししゃけんそうさい》　大川隆法《おおかわりゅうほう》

まえがき（旧版）

『仏陀再誕《ぶっださいたん》』（幸福の科学出版刊）に引き続き、この『永遠の仏陀』という書物《しょもつ》を世に送る。

これは、最高《さいこう》、最大《さいだい》、最強《さいきょう》の教えであるがゆえに、また最勝《さいしょう》の教えでもある。

本書を手にし、そして読み進むならば、あなたがたは、確かなる勝利を手にするであろう。本書を読み、味わい、理解し、かつ実践《じっせん》して、人生に敗《やぶ》れるということはありえない。あなたがたは、いま、最高の瞬間《しゅんかん》を手にしているのだ。

この書をとくと読み進むがよい。さすれば、あなたがたが単なる物質の塊《かたまり》ではなくて、黄金色《おうごんいろ》に光る永遠の存在《そんざい》であることが分かるであろう。

一九九一年　七月

幸福《こうふく》の科学《かがく》グループ創始者兼総裁《そうししゃけんそうさい》　大川隆法《おおかわりゅうほう》

永遠の仏陀　目次

第2章　真実の人となれ

第3章　不滅《ふめつ》の力

第4章　跳躍《ちょうやく》の時

第5章　永遠の仏陀《ぶっだ》

第1章

目覚めよ

仏弟子《ぶつでし》の証明

諸々《もろもろ》の比丘《びく》、比丘尼《びくに》たちよ。
ふたたび、あなたがたに、大切な話をすることとしよう。

あなたがたの多くは、地上に数十年の人生を生きてきて、
かつてみずからが続けてきた、魂《たましい》の修行《しゅぎょう》を忘れているに違《ちが》いない。
しかし、私は言っておく。
あなたがたは、過去《かこ》、幾転生《いくてんしょう》のなかを、
仏弟子《ぶつでし》として生きてきたのだ。

永い永い転生の過程《かてい》を、
わが弟子《でし》として生きてきたのだ。

自分の心の内に、よくよく問うてみるがよい。
さすれば、深く、強く、求めるものがあるであろう。
道を求める気持ちがあるであろう。
何か崇高《すうこう》なるもののために、
たとえ、その道、厳《きび》しくとも、
力強く生きたいという願いがあるであろう。
その強い願いこそ、菩提心《ぼだいしん》というべきものであるのだ。

かつてわが弟子であった証明は、
あなたがたの心に菩提心《ぼだいしん》があることだ。
みずからの内を振《ふ》り返《かえ》りみて、
あるいは、強い菩提心があり、
あるいは、かすかなりといえども、
深い深いところで求めている、ただならぬ心があるならば、
その人は必ずや、
かつて仏弟子であったと言って間違《まちが》いはない。
そう、そのようなあなたがたに、
私は、大切な話をしておくこととしよう。

信ずることの大切さ

まず、私があなたがたに語っておきたいことは、
信ずるということの大切さだ。

あなたがたは、さまざまな価値観《かちかん》に、
心乱《みだ》れ、心揺《ゆ》れることもあるであろう。
しかし、信ずるということが、
あなたがたがこの世ならざる存在《そんざい》であるということを、
雄弁《ゆうべん》に物語っているのだ。

いかなる人の心にも、
信ずる気持ちがある。
信じたいという気持ちがある。
その、信じたいという気持ちは、
この世の存在を信じたいということではない。
この世をはるかに超《こ》えたる世界を、
その世界のなかにあるところの叡智《えいち》を、
信じたいということなのだ。

現代人の多くは、傲慢《ごうまん》にも、
自分たちの知力によって理解できぬものは

何もないと言わんばかりに、
驕《おご》り、高ぶっているかに見える。
しかし、そのような現代人たちであっても、
深く己《おのれ》の心の内を眺《なが》め入《い》るならば、
そこに、理解を超えたものへの熱いまなざしを感じるであろう。
いくらその目を伏《ふ》せたとて、
仏法真理《ぶっぽうしんり》に寄せる熱い眼《まなこ》は、閉《と》ざすことができまい。

たとえ、この地上で、
どのような博学《はくがく》の人であると言われようとも、
夜空を見上《みあ》げてみよ。

そこにちりばめられたる星々の神秘《しんぴ》を、説明することができるか。
なぜ、地球が丸く、自転しているかを、説明することができるか。
なぜ、太陽が必ず東から昇《のぼ》り、西に沈《しず》むかを、説明できるか。
その奥《おく》にあるものは、
この世界において魂修行《たましいしゅぎょう》をしてゆく者たちへの、
大いなる愛であるのだ。
大いなる愛が顕現《けんげん》して、
魂修行をしている人間たちが、たとえ気づくことがなくとも、
彼らに、生きてゆくための環境《かんきょう》を与《あた》えているのだ。
あなたがたは、この大いなる愛を感じとらねばならない。

地上にある人間たちの理解が及《およ》ぼうが、及ぶまいが、
そんなことにかかわりなく、
人々を生かし続けている、
大自然の不思議よ。
大宇宙の神秘よ。
ああ、そこに、
一片《いっぺん》の感動を見いだすことができる者であるならば、
信ずるということは、ことのほか、たやすいことであるのだ。
信ずるとは、まず、
みずからが生かされていることを知った時に、
魂《たましい》の奥深《おくふか》くからあふれ出してやまない気持ちであるのだ。

その事実に気づいた時に、
あなたがたの、仏法真理《ぶっぽうしんり》を求めるそのまなざしは、
さらにさらに、奥にあるものへと向けられてゆくであろう。

魂《たましい》の親を知れ

そう、当然《とうぜん》のことでもあろう。
生まれてきた赤子《あかご》は、
自分の父がだれであり、母がだれであるかを、
知ろうとするではないか。
父母《ふぼ》なるものを知ることなくして、

人間として生まれ、育つことは、
この上なく悲しい事実である。
教えられなくとも、
小さな小さな赤子は、
母を求めて泣くではないか。
そうして、父の名を呼び、母の名を呼び、
自分を庇護《ひご》するものが、いったいだれであるかを、
知るではないか。
それは教えられてではない。
生きているということ自体が、
生きてゆくという行為《こうい》そのものが、

生かされていることを知るということ自体が、
みずからの親がいったいだれであるかを、
知ろうとするのだ。
そうであるならば、
川に流るる流木《りゅうぼく》ならばいざ知らず、
生命《いのち》ある、血のかよった人間であるならば、
みずからの生命《いのち》が、だれによりて与《あた》えられたものであるかを、
知りたいと願うのが当然《とうぜん》であるのだ。

そして、魂《たましい》の親である仏《ほとけ》を知った時に、
もはや、子供である人間は、

その親の名を呼ばずして、生きてゆくことはできなくなるのだ。
したがって、目覚めたる人間たちは、
「仏よ、仏よ」と、
毎日、その名を呼びて、やむところがない。
まるで、赤子が、毎日、父母の名を呼ぶように、
「仏よ、仏よ」と呼びて、
そして、その言葉を語ることに飽《あ》きることはないのだ。

あなたがたも、
この地球という小さな星に生まれ落ちたる、
ささやかな生命《せいめい》たちではないか。

そうであるならば、
求めよ、求めよ。
あなたがたの親に、
あなたがたの魂の親に、
求めるがよい。
すべてのものを求めるがよい。
すべてのものが与えられるであろう。
いや、与えられているであろう。
与えられていることに気づくには、
親の存在《そんざい》を知ることだ。
仏の名を呼ぶことだ。

仏陀《ぶっだ》の教えありてこそ

そして、考えてみるがよい。
あなたがたが人間として物事《ものごと》を考えてゆけるということが、
何ゆえに可能になったのかを。
なぜ、あなたがたは、考えることができる。
なぜ、あなたがたは、判断をすることができる。
なぜ、あなたがたは、行動をすることができるか。
その根本《こんぽん》には、あなたがたに、信ずる理想があるからであろう。
「かく思い、かく行動することが、

人間としての自分がなすべき仕事である」と思うからであろう。
では、なぜ、そう思うに至《いた》った。
なぜ、そう考えるに至った。
そもそも、考えるということが、なぜ、できるようになったか。
それは、あなたがたの魂《たましい》の親が、この地上に降《お》りて、
偉大《いだい》なる仏陀《ぶっだ》として、教えを説《と》いてきたからではないのか。
仏陀の教えがありて後《のち》、
人々は、
何が正しくて、何が正しくないのかということを、
知るようになったのではないのか。
その法《ほう》ありてこそ、

すべての学問が、そこに興《おこ》ってきたのではないのか。

何ゆえに、
大宇宙から観《み》れば、砂粒《すなつぶ》にしかすぎないこの地球に、
生まれ落ちた魂たちが、
偶然《ぐうぜん》に、高度なる価値観《かちかん》を有《ゆう》することができるであろうか。
それらはすべて、
過去《かこ》、幾千年《いくせんねん》、幾万年、幾十万年、幾百万年、
いや、それ以上《いじょう》の歳月《さいげつ》にわたって、
地上に肉体を持ちたる仏陀が、教えを説き、
そして、法として遺《のこ》してきたからではないのか。

それが、人間としての魂の確立の初《はじ》めにあったのではないのか。
この法ありてこそ、
悩《なや》むことなく、日々、幸福に生きてゆけるのではないのか。
何を基準《きじゅん》に生きてゆけばよいかが分からないとするならば、
あなたがたは、日々、困惑《こんわく》のうちに置《お》かれるであろう。
しかし、そこに、正しき道を指《さ》し示す法があるからこそ、
あなたがたは、安心して、
暗がりの道であっても、歩《あゆ》んでゆくことができるのであろう。
このように、
仏陀の説いた教えが法となり、
闇夜《やみよ》を歩む旅人に――そう、あなたがただ、

無明《むみょう》の世界を生きてゆくあなたがたに、
光を与《あた》えているのだ。

信仰《しんこう》とは、
この光を知ることである。
信仰とは、
この光が、法の光であるということを知ることである。
信仰とは、
この法の光が、愛の光であるということを知ることである。
信仰とは、
この法の光が、慈悲《じひ》満《み》つる光であると知ることである。

信仰とは、
この光が、仏陀より射《さ》し来《き》たっていることを知ることである。
信仰とは、
この光が、大宇宙の根本仏《こんぽんぶつ》である仏陀を通《とお》して、
地上を照らしていると信ずることである。

これがすべての根本《こんぽん》であるのだ。
この事実を認《みと》めることなくして、
今世《こんぜ》、人間として生き切ったと言うことはできないのだ。
人間として生き切ったと言うためには、
正しき心を探究《たんきゅう》しつつ生き抜《ぬ》いたという、

その、魂の歴史が必要であるのだ。
正しき心の探究は、人間としての義務であり、
その義務を果たすためには、
仏陀の教えに帰依《きえ》することが必要であるのだ。
帰依ということを通《とお》して、初めて、
すべての事実が明らかにされるのだ。

心の窓《まど》を開く

師というものは、弟子《でし》を観《み》て法《ほう》を説《と》く。
弟子たちは、師から数多くの教えを学ぶために、

謙虚《けんきょ》に心を開かねばならぬ。
謙虚に心の窓を開くことなくば、
仏法真理《ぶっぽうしんり》の光は、射《さ》してくることはない。
射《さ》してこないことは、光の罪ではない。
戸を閉《と》ざしている己自身《おのれじしん》の迷いが、その罪なのである。
その迷いを取り去らねばならぬ。
生まれ落ちてよりのち、
思想や教育、信条、家庭環境《かていかんきょう》によってつくられたる、
その迷いを取り去らねば、
仏《ほとけ》の声が素直《すなお》にあなたがたの心に射し込《こ》むことはあるまい。
心を開き、素直な態度にて、教えを学ぶことだ。

そうすることによって、
あなたがたは初《はじ》めて、
みずからの魂《たましい》が、いかなる方向を求めているのかということを、
知ることができるのだ。

この魂の悦《よろこ》びは、何物《なにもの》にもかえがたいものだ。
仏法真理を知った悦《よろこ》びは、
どのような金銀財宝にもかえることができないほど
尊《とうと》いものであるのだ。
たとえ、目の前に、山のごとく金銀財宝を積まれたとしても、
そのようなものに、目を奪《うば》われてはならぬ。

たとえ、いかなる地位にあなたを就《つ》けようと言われたとしても、
そのような言葉に、心揺《ゆ》れてはならぬ。
たとえ、世間の人々があなたがたをあざ笑うとしても、
そのようなことで、心揺れてはならぬ。

私はあなたがたに、くり返しくり返し説いているはずだ。
あなたがたにとって、いちばん大切なものは、
魂を高めるということなのだ。
魂の糧《かて》になるものを選び取るということなのだ。
魂の悦《よろこ》びをもって、人生最大《じんせいさいだい》の悦びとせねばならんのだ。
魂の糧となり、魂の栄養分となるもの以外《いがい》に対して、

心奪われてはならないのだ。

あなたがたは、名声から遠ざかっているがよい。
あなたがたは、
さまざまなる、この世的なる評価から遠ざかっているがよい。
そのようなことに心を奪われて、
真実の教えを聴《き》かないならば、
河原《かわら》に生《は》えた葦《あし》のごとく、
無常《むじょう》の風のなかで震《ふる》えている以外の人生はないということを、
知らねばならない。
生命《いのち》ある人間であるならば、

尊き人間であるならば、
法を知ることの悦《よろこ》びを、すべてのものの上に置《お》け。

信仰《しんこう》という命綱《いのちづな》

そして、
法《ほう》を説《と》く仏陀《ぶっだ》への、
信仰《しんこう》と帰依《きえ》の姿勢を忘れてはならない。

帰依とは、
教えを受けるために、

弟子《でし》としての道を知ることだ。
弟子としての態度を確立することだ。
師に対する態度を示し、弟子の道を行《ぎょう》ずることだ。
これを帰依という。

そして、
信仰とは、
師より流れ出してくる仏法真理《ぶっぽうしんり》の大河《たいが》を敬《うやま》い、
その法を恭《うやうや》しく受け、
究極《きゅうきょく》なる仏に対して、誓《ちか》いを立てることをいう。
仏弟子《ぶつでし》として、仏法真理の縁《えん》にふれて、生まれ変わったならば、必ずや、その報恩《ほうおん》のために生きるということを。
必ずや、その教えを人生の指針として生きるということを。
こうした誓い、誓願《せいがん》を立てることをもって、
あなたがたの信仰は本物となるのだ。

たとえ、千貫《せんがん》の重き岩が、
汝《なんじ》らの頭上より転げ落ち、その身を打《う》ち砕《くだ》かんとしても、
仏法真理のために、その岩壁《がんぺき》をよじ登ろうとする努力を、
忘れてはならぬ。
その岩壁に垂《た》らされたるところの一本の命綱《いのちづな》を、
決して手放してはならぬ。

この命綱こそ、信仰と呼ばれているものなのだ。
たとえ、岩に、その身、打ち砕かるるとも、
たとえ、千頭の獅子《しし》に、その身、食われ、
たとえ、万羽《まんば》の鷲《わし》に、その目、えぐらるるとも、
この信仰という名の命綱を決して手放してはならぬ。
あなたがたは、その肉体を失うとも、
その名声や、地位や、金銭《きんせん》を失うとも、
この信仰という命綱で、仏陀につながっているかぎり、
永遠の生命《せいめい》を失うことはないのだ。

しかし、この命綱を放した時、

ああ、あなたがたが堕《お》ちてゆく先は、決して地面ではない。
それは無限の深い深い闇《やみ》なのだ。
その闇に底なく、
あなたがたは、
どこまでもどこまでも堕ちてゆくことになるのだ。
これを地獄《じごく》という。
信仰を失いて、地獄の底に堕《お》ちるぐらいならば、
目の前に、獅子《しし》が現《あらわ》れて、
内臓を食い破られるほうが、ましではないか。
鷲《わし》が現《あらわ》れて、
その目をえぐられる痛みに耐《た》えることのほうが、

まだましと言ってもよい。
地獄は、魂《たましい》の死である。
魂は、生かしてこそ、仏への感謝、報恩となるのだ。
尊《とうと》きダイヤモンドのごとき生命《いのち》をいただいておきながら、
それを、汚泥《おでい》のなかに投げ捨《す》てんとするのか。
そのようなことは、決してしてはならない。

あなたがたは、強くならねばならない。
信ずるということを通《とお》して、強くならねばならない。
信仰は、あなたがたを強くするものなのだ。
信仰は、あなたがたを弱くするということなど、過去《かこ》、あったためしがないのだ。
真《しん》に信ずる者は強くなる。
信じても信じても、みずからが弱いというならば、
その信仰はまだ本物ではない。

あなたがたが、つかんでいる、
その命綱《いのちづな》は、そのロープは、
私の袈裟衣《けさごろも》であるということを知らねばならぬ。
その命綱をつかんでいるかぎり、
仏陀と仏弟子とは一つであるのだ。
仏陀が、いまだ地上において、

敗《やぶ》れたることがないように、
あなたがたも、敗れることはないであろう。
仏陀が、いまだ地上において、
その誓願《せいがん》を成就《じょうじゅ》せぬことなかりしがごとく、
あなたがたも、あなたがたの立てたる誓願を、
成就せぬことはない。

仏陀《ぶっだ》との誓《ちか》いを成就《じょうじゅ》せよ

あなたがたは知らねばならない。
仏陀《ぶっだ》の念《おも》いを。

仏陀の願いを。
それは、
この地上に生きている衆生一切《しゅじょういっさい》を救うということであるのだ。
人々を一人残らず救うということであるのだ。
今世《こんぜ》のみならず、来世《らいせ》の人々をも、
また、おくれて地上に生まれてくる人々をも、
救わんとすることが、
仏陀の願いであるのだ。

さすれば、仏弟子《ぶつでし》たちよ、
あなたがたの使命は、おのずから明らかであろう。

この道を共に歩《あゆ》む以外《いがい》にないではないか。
その道を歩んでゆくために、
あなたがたには、
あなたがたの糧《かて》として、教えが説《と》かれるのだ。
その教えは、あなたがたの魂《たましい》の糧なのだ。
その教えを食べているかぎり、
あなたがたが道に倒《たお》れることはないのだ。
その教えを、魂の肥《こ》やしとし、糧として生きてゆくかぎり、
無限の力がわいてくるのだ。
無限の情熱がわいてくるのだ。

仏《ほとけ》より流れ出すところの、一切《いっさい》の教えを、学ぼうと誓《ちか》え。
仏より流れ出すところの、一切の真理《しんり》を、学び尽《つ》くそうとせよ。
そうであってこそ、
あなたがたは無限の力を得《え》ることができるのだ。
遠き道を歩んでゆかんとするならば、
この力を身につけよ。
魂の糧を、一つ残らず、食べ尽《つ》くすのだ。
そして、永き道のりを、共に歩いてゆくのだ。

あなたがたは、
一切《いっさい》の衆生《しゅじょう》を済度《さいど》せんとして、

地上に降《お》りたのである。
一切の不幸を地上からなくすために、
この地に、この時代に、生まれ落ちたのである。
さすれば、仏陀との誓いを成就《じょうじゅ》せよ。
仏と仏の弟子《でし》とが誓いしことは、
必ず成就されるのだ。

目覚めよ、目覚めよ。
強くあれ、強くあれ。
信じよ、信じよ。
道は開ける。

その道を、うまずたゆまず歩いてゆくのだ。
私は、あなたがたと共にある。
私があなたがたを背負《せお》って歩いているということを、
忘れてはならない。

第2章

真実の人となれ

正直に生きる

諸々《もろもろ》の比丘《びく》、比丘尼《びくに》たちよ。
私は、おまえたちに言っておこう。
心に、常に、このわが言葉を刻《きざ》んでおくがよい。
おまえたちは、
真実の人とならねばならない。
真実に生きる人間とならねばならない。
真実の下《もと》に、ただひたすら歩《あゆ》むこと以外《いがい》に、
みずからの歩み方があると思ってはならない。

まず、おまえたちは、うそをついてはならない。
正直を旨《むね》とせよ。
時に、正直に生きることが、
この世的に、どれほど愚《おろ》かに見えることがあるとしても、
やはり、おまえたちは正直一途《いちず》に生きなくてはならない。

うそを言って、世渡《よわた》りをする者もある。
そのような者が次々と手柄《てがら》を手にしているかに
見えることもあるだろう。
しかし、私は、おまえたちに言っておく。

うそを言い続けて、真《しん》に成功する人はいないということを。
そのうそは、いつか他《た》の人の見抜《みぬ》くところとなり、
やがて、そのような人は辱《はずかし》めを受けることとなるだろう。
たいていの場合、この世に生きているうちに、
その辱めを経験することになるであろう。
しかし、万一《まんいつ》、今生《こんじょう》において、
そのうそ、ばれることなく、逃《に》げおおせたとしても、
人間には来世《らいせ》というものがある。
この来世というものの恐《おそ》ろしさは、
そこでは一切《いっさい》のうそが通《つう》じないというところにあるのだ。
菩薩《ぼさつ》の心を持っていなければ、

菩薩たちの世界に住むことはできない。
また、地獄《じごく》の鬼《おに》たちは、
鬼の心を持って生きていると言わざるをえない。
この地上を去った世界では、
一切のうそ、偽《いつわ》り、言い逃《のが》れは通用《つうよう》しないと
心しなければならない。

さすれば、この地上においても、
おまえたちの真価は、
正直に、おまえたち自身の、
その思いと行《おこな》いを表《あらわ》しているところに現《あらわ》れるのだ。

もし、うそ、偽《いつわ》りを使わなければ、
おまえたちが世に認《みと》められないというならば、
そのような成功は、やがて、仮面《かめん》をはがれ、
暗い淵《ふち》のなかに投げ入れられることになるであろう。
よって、正直に生きる者は、最後には勝利するのだ。
それを忘れてはならない。

けれども、おまえたちは、私に問うかもしれない。
「正直に生きるとは、
どのように生きることであるか」ということを。
「その内容を知りたい」と言うであろう。

「何をもって正直に生きると言うのか。
何をもって偽《いつわ》りの人生を生きると言うのか」と。

確かに、
みずからの人生が偽りの人生であるということに、
気づかぬままに生きてゆく人は、
数多くあると言ってよいだろう。
気づかないのだ、
それが偽《いつわ》りであることに。
しかし、よくよく見るがよい。
みずからは気がついていないにもかかわらず、

偽《いつわ》りの人生を生きている人には、
明らかに共通する特徴《とくちょう》がある。
彼らは、すべて、この世的なる物差《ものさ》しを基準《きじゅん》としている。
地位や、名誉《めいよ》や、金銭《きんせん》の多寡《たか》、
そのようなものを、この上なく愛し、
己《おのれ》の心の価値というものを認めていない。
それが彼らの特徴だ。

私は、決して、
努力多くして成功し、
世の人々のために生きている人に、

地位があろうが、
名誉があろうが、
そして富《とみ》があろうが、
それを悪いものだとは言わない。
正当なるものとして評価されているものには、
それだけの光があるものだ。
それだけの、真実の悦《よろこ》びがあるものだ。
けれども、ここで注意をせねばならぬことは、
そのような、傍目《はため》に見えるような基準でもって、
自分自身の値打ちを測《はか》ろうとする、
愚《おろ》かな人々の存在《そんざい》であるのだ。

大きな家に住んでいるから、偉《えら》い人間だと錯覚《さっかく》してみたり、
高い車を乗り回しているから、偉い人間だと錯覚したり、
そういう人がいるから問題だと言っているのだ。
これらは本末転倒《ほんまつてんとう》であるのだ。
やはり、その人の心に、生き方に、人生に、値打ちがあってこそ、
その他《た》の、この世的なる道具も、生きてくるというものなのだ。
その順序を間違《まちが》えてはならぬ。

少なくとも、
みずからの心のあり方というものを
考えたことがない人間には、

正直に生きるということさえ、分からないであろう。
なぜならば、正直に生きるということは、
己《おのれ》の良心に忠実に生きるということだからだ。
そして、己の良心に忠実に生きるとは、
己の心のなかにある守護霊《しゅごれい》の声に
忠実に生きるということなのだ。
そしてまた、その守護霊は、
上位にある高級霊《こうきゅうれい》の心に忠実に、指導せねばならないのだ。
これが、正直に生きるということの根本《こんぽん》だ。
すべては仏《ほとけ》から始まる。

仏の心を心として生きるということが、
正直に生きるということなのだ。
この、仏の心を心として生きるということが、
なかなか分からぬから、
みずからの良心に忠実に生きるというふうに、
普通《ふつう》、言われるものなのだ。

正しき価値基準《かちきじゅん》

しかし、考えてもみよ。
おまえたちも、

思ったことを振《ふ》り返《かえ》って、
恥《は》ずかしく感じることがあるだろう。
自分の思ったことを振り返って、
誇《ほこ》らしく思うこともあるだろう。
なぜ、あるものを恥ずかしく思い、
なぜ、あるものを誇らしく思うか。
その判断の根拠《こんきょ》こそが、
おまえたちのなかに宿《やど》りたる良心の存在《そんざい》であるのだ。
この良心があることが、
おまえたちが仏《ほとけ》の子であることの証明にほかならない。
仏の子であるから、

善《ぜん》そのものの価値基準《かちきじゅん》が、そのなかにあるのだ。

ゆえに、おまえたちは、
己《おのれ》の心のなかにある正しき基準を、
常に知っていなくてはならない。
他人《たにん》を欺《あざむ》くことができても、
自分自身を欺くことはできないであろう。
すなわち、自分自身が、
自分の思いと行《おこな》いをすべて知っているのだから、
その、生地《きじ》のままの、ありのままの、
思いと行《おこな》いを自己点検して、

そうして、恥ずかしくない生き方をするということなのだ。

たとえ、その外に現《あらわ》れたる姿《すがた》が、
よき言葉を発し、よき行動に満ちているように見えたとしても、
その心のなかに思いたる言葉悪《あ》しく、
その真実の願いが、
相手を堕落《だらく》せしめ、詐術《さじゅつ》に陥《おとしい》れんとするものであるならば、
それらは、相手が感謝をするかどうかにかかわりなく、
少なくとも、天国の住人のなすべき業《わざ》ではないということになる。

おまえたちは、いち早く、

この正しき習慣を身につけることだ。
やがて来る来世《らいせ》においては、
一切《いっさい》の偽《いつわ》りが通《つう》じないのであるならば、
いち早く、今世《こんぜ》において、
一切の偽りを排《はい》し、正直に生きてゆくことだ。

私の目には、
苦しみながら生きている
数多くの人たちの生きざまが見える。
私は語りかけたいのだ。
なぜ、そんなに背伸《せの》びをして生きるか。

なぜ、そんな上《あ》げ底《ぞこ》の人生を生きようとするのか。
そんなに上げ底をして生きて、
それでほんとうに、おまえたちは心楽しいのか。
そんなことであってはならない。
自分の真実の姿に誇りを得てこそ、
人間は真《しん》に幸福であるのだ。
劣等感《れっとうかん》を持っていない人間はいないであろう。
しかし、それを隠《かく》すために、
ことさらに自分を偉《えら》しと表現するために、
上げ底の人生を歩《あゆ》んではならない。
このような上げ底人生は、

やがて、つまずきを招《まね》くことになるのだ。

人には、それぞれ、
自然なる生き方というものがある。
自然体の人生というものがある。
そのなかに生きてこそ、
幸福に、伸《の》びやかに、日々を過ごすことができるのだ。
それぞれの人に、それぞれの中道《ちゅうどう》がある。
その中道を見いだすことこそ、
大切なことであるのだ。

努力に比例した世界

この中道《ちゅうどう》から外《はず》れる生き方を起こさせるものに、
他《た》の者への嫉妬心《しっとしん》がある。
この嫉妬は、嫉妬する心は、
決しておまえたちを幸福にすることはない。
このことを知らねばならぬ。
嫉妬は、毒牙《どくが》を持った一匹《いっぴき》の蛇《へび》である。
この蛇が、心のなかに忍《しの》び込《こ》むや、
おまえたちは夜も眠《ねむ》れなくなる。

常に、他の人間がうらやましくて、
その心、落ち着く時がない。

心せよ。
かくのごとき毒蛇《どくじゃ》を、みずからの内に引き入れてはならぬ。
嫉妬は、その芽《め》のうちに摘《つ》んでしまわねばならない。
嫉妬の芽を摘むための考え方は、
これは、他の人に対する公平な評価にあると言ってよいだろう。

自分も、他人も、はるかなる昔《むかし》に、
仏《ほとけ》の子として、人間の生命《せいめい》を得た者であるが、

その時より、今日《こんにち》に至《いた》るまで、
幾千回《いくせんかい》、幾万回、
あるいは、それ以上《いじょう》の転生輪廻《てんしょうりんね》を重ねてきたのだ。
それだけ多くの回数を、地上生活者として送ってきたのだ。
ある者は、他の人々の幸福のために生き、
ある者は、他の人々を多く害して生きてきた。
その両者が、もし同じ扱《あつか》いを受けるとするならば、
仏の創《つく》った世界は、
なんと不公平に満ち満ちていることであろうか。
やはり、それだけ多くの転生《てんしょう》を経《へ》てきて、
人間には、

それぞれの魂《たましい》の器《うつわ》というものが、
でき上がってきているのだ。
そうした、転生の過程《かてい》を経《へ》てかたちづくられたる、
魂《たましい》の器というものを認《みと》めない考えは、
これは、他人の努力を認めない考え方であり、
暴君《ぼうくん》のような、暗い心に支配されていると言わざるをえない。

おまえたちも、
アリとキリギリスの話を聞いたことがあるであろう。
夏のあいだに、汗水《あせみず》を垂《た》らして、
アリは、せっせせっせと、えさを運び、蓄《たくわ》えた。

そして、キリギリスに対して、
「キリギリスさん、あなたは歌ばかり歌っているが、
将来への備《そな》えはしなくてもよいのですか」と問うても、
キリギリスは、その日暮《ひぐ》らしの楽しみのなかに生きて、
「先のことは先のことだ」と考えた。
やがて、木《こ》の葉《は》が落ち、秋風が吹《ふ》き、
冬将軍《ふゆしょうぐん》が訪《おとず》れた時に、
夏のあいだに、せっせと働いたアリは、
そのえさを食べて、冬を過ごすことができたが、
夏のあいだ、遊び暮《く》らしたキリギリスは、
その食糧《しょくりょう》も尽《つ》き果てて、

惨《みじ》めに死んでゆくこととなったのだ。

このような話を、
単なる戯《ざ》れ言《ごと》と思ってはならない。
単なる比喩《ひゆ》と思ってはならない。
これが人生の真実の姿《すがた》であるのだ。
一生懸命《いっしょうけんめい》に働いて蓄えたものとは、ほんとうは食糧ではない。
それは、天の蔵《くら》に積まれた宝であるのだ。
それぞれの人が、一生を生きるたびに、
いくばくかの宝を手にすることができる。
その宝が天の蔵に積まれてゆくのだ。

そうして、幾転生《いくてんしょう》、幾十転生、幾百転生をくり返して、
宝を山のように持っている者もあれば、
生まれ変わりの時、
いつもその宝をすり減らしてゆく者もある。
しかし、やはり、各人の努力に比例した世界が展開《てんかい》してこそ、
仏の慈悲《じひ》は成就《じょうじゅ》されると言わざるをえないのだ。

自分の人生を生き切る

おまえたちは、いたずらに他《た》の人をうらやんではならない。
その人が、たまたま、いい家《うち》に生まれたとか、

その人の両親が、たまたま優秀《ゆうしゅう》であったとか、
その人が、たまたま都会に生まれたとか、
その人の兄弟が、恵《めぐ》まれた経歴《けいれき》を持っているとか、
その人の肉体が、たぐいまれなる美しいものであるとか、
このようなもので、心を嫉妬《しっと》で曇《くも》らせてはならない。
人には、それぞれの過去《かこ》があり、
過去、積み上げてきたものがある。
そのすべての結果が、現在というものに表《あらわ》れているのだ。
他の人の人生に取ってかわることはできないのだ。
自分は、自分の人生を生きなければならないのだ。
おまえたちが心しなければならぬことは、

自分の名前で他人の人生を生きることではなく、
自分の名前で自分の人生を生き切るということなのだ。
自分の人生は、自分以外《いがい》には、生きてくれる人はいないのだ。
それを大切にしなくてはならない。
自分の名前を大切にするように、
自分の人生を大切にしなくてはならない。

他の人とその身を置《お》きかえたところで、
いかばかりの幸福感があるであろうか。
人には、それぞれの悩《なや》み、苦しみもあるものだ。
それらの人々の幸福なる点のみを見て、

悩みや苦しみを見ていないのが、
自分の、その迷いの姿《すがた》であるのだ。
他の人のよいところのみを見て、
それを、おのが惨《みじ》めさと引き比べてはならない。
あなたが、あなた自身をいかに低く評価しているとも、
他の人のなかには、それを高く考えている者もいる。
このように、すべて、お互《たが》いの目からは、
物事《ものごと》は相対的《そうたいてき》に見えるということを忘れてはならない。

最大《さいだい》の実《みの》りを得《え》る

さて、さらに私は、次のことを言っておきたい。
おまえたちのなかで、
環境《かんきょう》に打《う》ちひしがれ、
失敗を積み重ね、
苦しい生き方をしてきた者があるであろう。
そして、その苦しみのなかで、真理《しんり》を悟《さと》り、
なんとかして、
よき人生を切り開かんとしている者もあるであろう。

しかし、そのような者であっても、
過去《かこ》、数多くの失敗を重ねてきた者は、
何らかの虚飾《きょしょく》でもって、自分を飾《かざ》ろうとする傾向《けいこう》があるものだ。
その惨《みじ》めな過去を、うそという虚飾で飾ってみたり、
惨めな過去を、取り立てて誇大表示《こだいひょうじ》することによって、
他《た》の人の同情を引いてみたりしがちであるのだ。

しかし、私はおまえたちに言っておこう。
過去というものは、
充分《じゅうぶん》に反省に値《あたい》するものであり、
これからの人生を生きるにあたって、

充分に参考にすべきものではあるが、
過去そのものを、あまりにも長く引きずり、
それを自分自身のように思い込《こ》んではならない。
おまえたちの人生は、日々の出発であるのだ。
日々、新しい人生を生きているのだ。
そのことを忘れて、
過去そのものを引きずってはならないのだ。

正直に生きている人であっても、
過去の傷口《きずぐち》にふれると、
とたんに口を閉《と》ざし、

あるいは、饒舌《じょうぜつ》となり、
己《おのれ》の傷口を隠《かく》すようにふるまう人がいる。
ただ、私は思うのだ。
過去の傷口をいたずらに隠すよりも、
その傷口そのものを癒《いや》してしまうことのほうが大事であるのだ。
それを人に知られまいとするな。
それをまた、うまく喧伝《けんでん》し、人に上手《じょうず》に知られようともするな。
その傷口そのものを癒《いや》してしまうことこそが大事であるのだ。
この、過去の傷口を癒す方法は、
己《おのれ》の人生を充分に愛することなのだ。
己の人生を充分に愛し、

そのなかから、見事《みごと》な果実《かじつ》を実《みの》らせることであるのだ。
これが大事なことなのだ。

いま、目の前に、
見渡《みわた》すかぎりの、りんご畑が広がっているとしよう。
そのりんご畑には、
何十年もたった、大きな木もあれば、
まだ数年しかたっていない、若い木もある。
若い木は、どちらかといえば、小さいであろう。
古木《こぼく》は、大きいであろう。
そして、それぞれの木の大きさに合《あ》わせて、

いくつ実をつけることが可能かということが
決まっているであろう。
けれども、大事なことは、
いくつ、りんごの実をつけるかではない。
「数多く実をつければよいのか」という問いは、
さほど重要ではないということなのだ。
たとえ、その木が小さな木であるとしても、
一生懸命《いっしょうけんめい》、みずからのりんごの実を
たわわに実らせることが大事なのだ。
そして、単に実らせるだけではいけない。
その味を最高度《さいこうど》のものにし、豊潤《ほうじゅん》なものにしてゆくことだ。

香《かお》りは美しく、味わいはさわやかで、
多くの人に愛されるものになってゆくことだ。
このような、現時点での努力をし続けることで、
やがて数十年を経《へ》た時に、
見事な大木《たいぼく》となって、
その数も素晴《すば》らしく、その質も素晴らしい実を、
たわわに実らせることができるようになってくるのだ。
そのような結果は、
まだ若木《わかぎ》のうちにも一生懸命に努力したということが
報《むく》われたということなのだ。

おまえたちは、他《た》の木になりかわろうとしてはいけない。
他の木が、
いかに、水分を吸い上げるのによき土地に生《は》えていようとも、
いかに、畑のなかに養分の濃《こ》い薄《うす》いがあろうとも、
いま、自分が根を張っている所は、
これは、動くことはできないのだ。
その場において、最大《さいだい》の仕事をするということに、
全力を費《つい》やすことだ。
いたずらに、他の木を見て、
その心を刺激《しげき》されてはならない。
自分として最大の実りを、

その環境において得《え》るということこそ、
おまえたちが真《しん》に幸福に至《いた》るために、必要な方法であるのだ。

無償《むしょう》のなかの悦《よろこ》び

いま、りんごの実のたとえを示した。
そう、その言葉を、もう一度、
深く、心のなかで味わってもらいたいのだ。
人生は、このりんごの木が、
他《た》の人々に食べられるために、
味のよいりんごをつくっていることに似《に》ているかもしれない。

りんごをつくった農家の人は、
その対価としての金銭《きんせん》を受け取るかもしれない。
けれども、その実そのものをならせた、肝心《かんじん》のりんごの木は、
何一つ、金銭を受け取るわけではない。
何一つ、褒美《ほうび》をもらうわけではない。
「よく、こんなに実《みの》らせたね」という、
感謝の言葉を受けることもない。
しかし、彼らは、彼らの人生を歩《あゆ》み続けているのだ。
りんごの木として、生命《いのち》のあるかぎり、
毎年《まいとし》、毎年、見事《みごと》なりんごの実をたわわに実らせてこそ、
悦《よろこ》びがあるということを知っているのだ。

彼らは、他《た》の者からほめられないからといって、
その翌年《よくとし》に実を実らせないということはない。
彼らは、たとえ虫に喰《く》われようとも、
風に吹《ふ》かれようとも、
嵐《あらし》に打《う》たれようとも、
自分の力の範囲《はんい》で、最高度のものをつくろうと、
日々、努力しているではないか。

そうであるならば、おまえたちにも言っておきたい。
「一生懸命《いっしょうけんめい》に生きているのに、他の人がほめてくれない」と言うな。
りんごの木であっても、称賛《しょうさん》など求めていないであろう。

ましてや、おまえたちは、人間として、
りんごの木以上《いじょう》の存在《そんざい》ではないか。
そうであるならば、
他の人の称賛を求めるな。
他の人から褒美《ほうび》をもらうことを求めるな。
たとえ認《みと》められなくとも、その使命を果たしてゆくのだ。
りんごが、その時期を過《あやま》たずに、その実をつけるように、
毎年、毎年、人間としての、その使命を果たすために、
一年、一年に、その実りを収穫《しゅうかく》してゆかねばならないのだ。
あのような木であっても、
一年に一度は、たわわな実りをつけるのだ。

ましてや、優《すぐ》れたる存在である人間であるならば、
毎年、毎年、たわわな実りをもたらさねばならない。

そして、それがたとえ、他の人によって、もぎ取られ、
一円の価値を生むこともなく、食べられるとしても、
その人たちの悦《よろこ》びを、わが悦びとしなさい。
他の人々が自分の実を食べて悦《よろこ》んでいる姿《すがた》を見て、
それを自分の悦《よろこ》びとしなさい。
無償《むしょう》のなかに、真《しん》の悦《よろこ》びを感じなさい。
一年のうちに、どれだけ多く、
他の人々を悦《よろこ》ばせるだけの果実《かじつ》を、実らせることができたか。

それが、
あなたがたが優秀《ゆうしゅう》な木であるかどうかを示しているのだ。

仏《ほとけ》の悦《よろこ》び

よいか、
わが言葉をよくよく聴《き》いておくのだ。
おまえたちは、どうしても、どうしても、
ともすれば、この三次元の世界において、自己評価が低くなる。
そして、
他人の言葉を求める。

他人の評価を求める。
他人の助言《じょげん》を求める。
そういうものを得られなければ、
自分の人生は無駄《むだ》であるとか、虚《むな》しいとか考えるようになる。
時には、大勢《おおぜい》の者が称賛《しょうさん》していても、
たった一人の批判者《ひはんしゃ》の声を聞いて、
自分の人生に絶望《ぜつぼう》する者もいる。

けれども、私は言っておく。
おまえたちが、誠実《せいじつ》に、真実に、正直に生きているかぎり、
仏《ほとけ》はおまえたちを見続けているということを。

たとえ、この世の人に評価されることなくとも、
仏の目は、見逃《みのが》すことはない。
仏の目は、その愛の行為《こうい》に注《そそ》がれている。
仏の目は、愛の思いに注がれている。
どれほど多くの果実《かじつ》を実《みの》らせて、
どれほど多くの人々の幸せとなしえたか。
それは、仏の目から見れば一目瞭然《いちもくりょうぜん》であり、
それが間違《まちが》われるということは決してないのだ。
おまえたちは、このことを信じなくてはならない。
たとえ、地上の人間に評価されることなくとも、
大宇宙の根本仏《こんぽんぶつ》、

そして、その根本仏がこの地上に送り込《こ》んだ仏の目を、
ごまかしうるものは何もないということなのだ。

おまえたちは、みずからの悦《よろこ》びを悦びとするな。
みずからの悦《よろこ》びは、
仏に味わってもらってこその悦《よろこ》びであると思え。
仏の悦《よろこ》びをもって、みずからの悦びとせよ。
また、どのような思いと、どのような行《おこな》いが、
仏の悦《よろこ》びを呼び起こすものであるかを考えよ。

そう、仏の心は、

この地上のすべての人を
幸福にせんとする願いでいっぱいである。
さすれば、その思いを忠実に実行してゆくことこそ、
この地上に生まれたる、仏の弟子《でし》たちの使命ではないだろうか。
おまえたちの悦《よろこ》びは、それ以外《いがい》にあるはずもないのだ。

決して、りんごの木や、桃《もも》の木や、
ぶどうの木に負けてはならない。
だれにほめられることなくとも、愚痴《ぐち》も言わず、
毎年《まいとし》、その、たわわな実りをつける、
そのような木に負けてはならない。

おまえたちは、それ以上《いじょう》のものであるのだ。
すべての世界の人々の心が
悦《よろこ》びに満ち満ちるまで、
自分たちの使命が終わると思ってはならない。

仏弟子《ぶつでし》の本懐《ほんかい》

多くの人々は、
飽食《ほうしょく》の時代のなかにあって、
しかもまだ飢《う》えているのだ。
この世には、さまざまな食物《しょくもつ》があふれているというのに、

しかし、この時代にこそ、
人々は飢え、苦しんでいるのだ。
飢えているのは、心が飢えているのだ。
心が、魂《たましい》が、
糧《かて》を求めているのだ。
魂の糧を探しているのだ。
あそこにも、ここにも、
飢《う》え死《じ》にしてゆく人たちが跡《あと》を絶《た》たない。
魂の糧は、まだまだ足りないのだ。
心の糧は、まだ、
全地球に供給《きょうきゅう》するほどはないと言ってよいであろう。

さすれば、仏弟子《ぶつでし》であるおまえたちは、
日夜《にちや》、この魂の糧を、心の糧を、
生み出し、届《とど》けることに、専念《せんねん》せねばなるまい。
この仕事に終わりということはない。

しかし、仏《ほとけ》この地上にある時に、
この仕事に邁進《まいしん》できる者たちは、幸《さいわ》いである。
それは、真昼《まひる》のなかを歩く旅人にも似《に》て、
その道を過《あやま》つことがないからだ。
真昼のなかを歩く者たちは、
間違《まちが》いなく目的地に到達《とうたつ》するであろう。

しかし、闇《やみ》のなかを歩《あゆ》む者は、
やがて足を滑《すべ》らせて、
その道より谷に落ちることになるであろう。
光ある時に、
真実の生き方に目覚め、
真実の人として生きてゆくことを、
誇《ほこ》りに思わなくてはならない。
その時にこそ、
仏弟子としての本懐《ほんかい》が
とげられるというものであるのだ。

おまえたちは、正直に、
真実の人間として、世を生きてゆきなさい。
懐《なつ》かしい日のために、
また共に手を取り合《あ》って悦《よろこ》び合える日のために、
その名を隠《かく》して、
愛のために生きてゆくのだ。

第3章

不《ふ》滅《めつ》の力

努力・精進《しょうじん》

諸々《もろもろ》の比丘《びく》、比丘尼《びくに》たちよ。
私は、あまりにも多くのことを、
おまえたちに期待しているかもしれぬ。
おまえたちは、その期待の重さに、
胸《むね》つぶれる思いがしているかもしれぬ。
また、無限の努力・精進《しょうじん》を重ねてゆかねばならぬことに、
さて、いったい、どこまでこの意志を貫《つらぬ》くことができるかと、
いぶかっているかもしれぬ。

されど、私はおまえたちに言おう。
おまえたちの本来の力は、
かくのごとき弱きものではないということを。
おまえたちは、偉大《いだい》な偉大な力を持っているのだ。
そのことを忘れてはならない。
たとえ、今世《こんぜ》かぎりの話をしてみても、
今世、学んだことは、おまえたちの力になるであろうし、
今世、さまざまなスポーツで鍛《きた》えた筋肉だとて、
無駄《むだ》にはなるまい。
そのように、今世かぎり獲得《かくとく》したものでさえ、

おまえたちの力になるというのであるならば、
ましてや、幾転生《いくてんしょう》、幾十転生、幾百転生、
わが下《もと》で、共に過ごしてきたならば、
その力が、世人《せじん》の及《およ》ぶところであろうはずもない。
おまえたちは、それだけ永いあいだ、
仏《ほとけ》の弟子《でし》として、修行《しゅぎょう》を重ねてきたのだ。
不退転《ふたいてん》の決意の下《もと》に、
必ず、きょうよりもあす、
あすよりもあさってということを合《あ》い言葉《ことば》として、
うまずたゆまず、努力を重ねてきたのだ。
そのおまえたちが、

少々のことで心をぐらつかせ、
少々のことで退転《たいてん》してしまうとは、
私には、とうてい思えないのだ。
師と弟子とは、心のなかで、
深い深いきずなによって結ばれている。
このきずなを断《た》ち切ることは、難《むずか》しいものであるのだ。

我《われ》は過去《かこ》、幾千、幾万の教えを、おまえたちに説《と》いてきた。
その教えの尊《とうと》きことも当然《とうぜん》であるが、
その教えを生み出してゆく、その過程《かてい》において、
我《われ》が努力を重ねていたことをもって、

おまえたちに、
「参考にせよ」と、
言い続けてきたはずである。
すなわち、
「わが後《うし》ろ姿《すがた》を見よ」
「わが背《せな》に従《したが》いてこよ」と、
言い続けてきたはずである。
師である私が、
まったく別格《べっかく》の存在《そんざい》として、
一切《いっさい》の修行を排《はい》し、そして尊いのであるならば、
おまえたちは、自分の非力《ひりき》を感じて、

精進をあきらめてしまうかもしれぬ。
しかし、師である私も、
あらゆる転生《てんしょう》の機会において、
努力・精進を積み重ねてきたのだ。
師であり続けるためには、
弟子以上《いじょう》の努力・精進を積み重ねることは、
当然であると思う。
その私の後ろ姿を見て、おまえたちも、
「あのように努力をすれば、やがては自分も、
そのような境地《きょうち》に到達《とうたつ》できるのではないか」と考えたはずだ。

そのとおり。
我《われ》は、何度も何度も、おまえたちに言った。
人間には、すべて等《ひと》しく仏性《ぶっしょう》の力が宿《やど》っている。
仏性とは、仏と同じ性質が宿っているということなのだ。
仏と同じ性質が宿っておりながら、
仏と同じ境地に達していないということは、
過去の修行が、まだ充分《じゅうぶん》ではなかったのであり、
今世《こんぜ》の修行も、まだ充分ではなかったということなのだ。
さすれば、過去を語っても、いまさら始まるまい。
今日《こんにち》ただいまより、精進を積み重ねる以外《いがい》にないではないか。
その精進の姿をこそ、まず我に示せ。

その精進の姿をこそ、わが前に示せ。

人生最大《じんせいさいだい》の悦《よろこ》び

我《われ》の記憶《きおく》のなかには、
幾代《いくだい》、幾十代、幾百代、昔《むかし》に、
さまざまな国において法《ほう》を説《と》いた、
その思いが遺《のこ》っている。
それぞれの地で、
たとえ、おまえたちの姿形《すがたかたち》は変わるとも、
おまえたちは、いつもわが弟子《でし》として、

わが身辺《しんぺん》を固《かた》め、
そして、我に従《したが》いてきたものであった。

そのような、ある時代の、ある時に、
わが法を学ぶために、
生命《いのち》を捨《す》てることをも惜《お》しいと思わなかった者は数知れない。
その身、虎《とら》に食わるるとも、
求道《ぐどう》の心はやまずと言った人は多かった。
その教えを知るためには、自分の生皮《なまかわ》をはいででも、
そこにでも教えを書きとめたいと願った求道者もいた。
そのように、過去《かこ》の求道者は、すべて、

己《おのれ》の生命《いのち》をかけて精進《しょうじん》してきたのだ。
精進とは、そのようなものなのだ。
生命《いのち》をかけて行《おこな》うものだ。
生命《いのち》をかけるとは、いかなることか。
それは、
自分の求めているものの値打ちを
知るということなのだ。
その真《しん》なる値打ちを
知るということなのだ。
これが、人生最大《じんせいさいだい》の悦《よろこ》びとなる。

地上において、この仏法真理《ぶっぽうしんり》のみならず、
さまざまなる学問があるであろう。
それぞれの学問を学んでいる途中《とちゅう》でも、
さまざまな悦《よろこ》びはあるであろう。
しかし、仏法真理を学びたる悦《よろこ》びは、
これは何物《なにもの》にもかえがたいものなのだ。
魂《たましい》は打《う》ち震《ふる》え、手は躍《おど》り、足は宙に舞《ま》うであろう。
それだけの悦《よろこ》びを持たねばならぬ。
大宇宙の秘密《ひみつ》を教えられ、
人間の秘密を教えられるということの素晴《すば》らしさよ。
また、この地上を離《はな》れた世界があるということを確信《かくしん》した時の、あの悦《よろこ》びよ。
それは、王侯貴族《おうこうきぞく》の位《くらい》ともかえがたいものだ。
この事実は、何度くり返しても、充分《じゅうぶん》すぎるということはない。
まさしく、そのとおりなのだ。
頭上に飾《かざ》る一つの純金の王冠《おうかん》よりも、
一巻《いっかん》の仏法真理の書を選ぶことが、
どれほど素晴らしいことであるかが分かるだろうか。
それは、人間として生まれて味わいうる、
最大の悦《よろこ》びであるのだ。

僧団《そうだん》の仕事

我《われ》がこの地に降《お》り、仏陀《ぶっだ》の悟《さと》りを得て、
法《ほう》を説《と》きはじめてから刊行《かんこう》されたる、
仏法真理《ぶっぽうしんり》の書籍《しょせき》の群《む》れを見よ。
これは宝の山であるのだ。
このように、宝の山が積まれているというのに、
それに気づかぬ人の多きことよ。
目はあって、なきがごとし。
耳はあって、なきがごとし。

手はあって、なきがごとし。
ああ、愚《おろ》かなる人々よ。
仏法真理の宝の山が、
いま、この時代に、天より降《ふ》り注《そそ》いで、
どこでも手に入れることができるというのに、
それを知らないでいるとは。

地に生きたる、幾億《いくおく》、幾十億の人々が、
一行《いちぎょう》の仏法真理も知ることなくして、
この地上を去るということは、
耐《た》えがたい悲しみである。

仏陀として、
この世に生命《せいめい》をうけ、教えを説いておりながら、
その一行の仏法真理をも、
同時代に生くる人々に、
分け与《あた》えることができなかったとするならば、
これは海よりも深い悲しみである。

諸々《もろもろ》の比丘《びく》、比丘尼《びくに》たちよ。
これこそが僧団《そうだん》の仕事であるのだ。
おまえたちは、すでに学んでいるはずだ。
仏法真理を学ぶには、三宝帰依《さんぽうきえ》の姿勢が大事であると。

三宝《さんぽう》とは、仏《ぶっ》・法《ぽう》・僧《そう》である。
仏《ぶつ》とは、仏《ほとけ》、現成《げんじょう》せる仏陀を指《さ》す。
法《ほう》とは、これ、仏陀の説く教えをいう。
そして、僧とは、
この仏法真理を弘《ひろ》めんとする、
地上につくられたる、弟子《でし》たちの集団をいうのだ。
これほどの宝が、天より降り注ぎ、
そして、山と積まれているにもかかわらず、
同時代に生きる人々に、
その一行《いちぎょう》の仏法真理も気づかせることなくして、
この地上を去らせることになるとするならば、

そこに、僧たちの使命はないと言わざるをえない。

伝道の本質

諸々《もろもろ》の比丘《びく》、比丘《びく》尼《に》たちよ。
おまえたちは、己《おのれ》の使命の重大さに気づけ。
おまえたちは、伝道ということを
何か特殊《とくしゅ》なことのように思っているようだ。
何か、現代の世においては、
摩訶不思議《まかふしぎ》なことであり、
非常《ひじょう》に難《むずか》しいことであるかのような、

錯覚《さっかく》に陥《おちい》っているようだ。
しかし、私は、おまえたちに言っておこう。
伝道の本質を知ったならば、
これを否定《ひてい》できる人はいないということを。

ダイヤモンドの塊《かたまり》を、
その懐《ふところ》のなかに入れられて、
怒《おこ》る人がいるだろうか。
真珠《しんじゅ》のネックレスを首にかけられて、
「これは、あなたのものですよ」と言われて、
怒り出す婦人がいるだろうか。

サファイアの指輪を差し出されて、
「これを、どうぞ指にはめてください」と言われて、
怒る人がいるだろうか。
いるはずもない。
また、大人だけが相手ではない。
子供たちに、
「さあ、これで勉強するのですよ」と言って、
教科書をあげ、参考書をあげた時に、
怒り出す子供たちがいるだろうか。
「これはこれは大切なものをいただいた」と思って、
一生懸命《いっしょうけんめい》に読むに違《ちが》いない。

このようなものなのだ。
その教えに真実の値打ちがあるがゆえに、
それを他《た》の人々に分けてあげるということは、
それ自体が、偉大《いだい》な功徳《くどく》を伴《ともな》っているのだ。

教えを布施《ふせ》されても、
法《ほう》の布施を受けても、
「そのような布施は要《い》らない」と言って拒否《きょひ》する人は、
ちょうど、三度の食事を拒否して、
みすみす死んでゆく人に似《に》ている。
いや、真実のことを語るとするならば、

三度の食事を拒否し、その肉体生命を失うとも、
人間の永遠の生命《せいめい》は滅《ほろ》びることはない。
しかしながら、仏法真理《ぶっぽうしんり》を学ばなかったならば、
その魂《たましい》は、永遠の死に就《つ》くこともありうるのだ。
すなわち、魂が仏法真理を知らずに生きるということは、
本来の仏《ほとけ》の子としての存在《そんざい》を否定することであるからだ。

見よ、
この地上のあちこちの町に、村に、
墓場《はかば》というものがあるであろう。
そこに立っているのは、苔《こけ》むした石の柱だ。

この、苔《こけ》むした石のなかに、
そこが、わが住みかだと思って、
いまだ、しがみついている者がいるとすれば、
おまえたちは限《かぎ》りなく悲しいと思うであろう。
それが、もし、おまえたちの先祖の姿《すがた》であり、
いや、後《のち》の世の、おまえたちの姿であるとするならば、
これは、耐《た》えがたい悲しみであろう。
生と死の意味を知らぬということは、このようなことなのだ。
生とは何か、
死とは何か、
魂の永遠性とは何か、

また、仏の子とは何か、
このようなことを知らずして生きるならば、
やがてその魂は死を迎《むか》えるのだ。
たとえ、生命《いのち》はあっても、
その生命《いのち》を生かすすべなくば、
また、生命《いのち》を生かすということの意味を知らないならば、
その生命《いのち》は、死に至《いた》るも同然《どうぜん》である。

さすれば、おまえたちが法を布施せんとすることは、
飢《う》えたる人に、
食事を提供《ていきょう》すること以上《いじょう》のものであるのだ。

また、衣服を持たぬ人々に、
衣服を提供すること以上のものなのだ。
宿《やど》を持たぬ者に、
一夜《いちや》の宿を提供すること以上のものであるのだ。
それが、
法を布施するということなのだ。
教えを説《と》くということなのだ。
仏法真理を弘《ひろ》めるということなのだ。
これは、その行為《こうい》自体《じたい》が絶対《ぜったい》の善《ぜん》であるのだ。

おまえたちのまわりに、

飢えて死んでゆく人々が、
数限《かずかぎ》りないとするならば、
おまえたちは、なけなしの食糧《しょくりょう》を差し出してでも、
彼らの生命《いのち》を一日でもつなごうとするであろう。
また、のどが渇《かわ》いて死んでゆく人々が、
数限りなくいるならば、
おまえたちの力がたとえ有限であろうとも、
つるべを落として、そして井戸から水をくみ上げ、
おけの水を持って走るであろう。
たとえ、その力尽《つ》きるとも、
彼らに末期《まつご》の水を供養《くよう》して、

そして死んでもらおうと思うだろう。
それが、人間として当然《とうぜん》の行為であるのだ。
しかるに、
魂が死のうとしている人たちが
この地上にあふれているのに、
それを見て見ぬふりをするとは、
何事《なにごと》であるか。
そのような心は、仏の心にかなうものではない。

おまえたちは、
相手と闘《たたか》っているような気持ちでいるかもしれない。

しかし、ほんとうは、そうではない。
自分自身と闘っているのだ。
自分自身の見栄《みえ》と闘っているのだ。
自分自身の恥《は》ずかしさと闘っているのだ。
自分自身の羞恥心《しゅうちしん》と闘っているのだ。
己《おのれ》の怠《なま》け心《ごころ》と闘っているのだ。
己の見栄や、世間体《せけんてい》と闘っているのだ。
つまらぬプライドと闘っているのだ。
このような、自分の弱さを象徴《しょうちょう》するものと、
徹底的《てっていてき》に闘うことだ。

仏《ほとけ》の本願《ほんがん》

仏《ほとけ》が地上に降《お》りているあいだに、
その仏の教えをくまなく伝えること、
これが僧《そう》の使命である。
諸々《もろもろ》の比丘《びく》、比丘尼《びくに》たちよ。
おまえたちの使命は、
これ以外《いがい》にはないのだ。
これがすべてなのだ。
そして、この、法《ほう》を伝えるという仕事をしているなかにこそ、おまえたちの真実の悟《さと》りは、また、高まってゆくのだ。
わが弟子《でし》であるならば、
おまえたちの目指すところは菩薩《ぼさつ》である。
菩薩となるということである。
菩薩の仕事でいちばん大切なことは、
法を布施《ふせ》するということなのだ。
これは、与《あた》える愛のなかで最大《さいだい》のものであるのだ。

おまえたちは菩薩《ぼさつ》を願う者たちであり、
いや、本来、菩薩であるならば、
本願《ほんがん》を成就《じょうじゅ》せよ。

仏の念《おも》いを成就せよ。
仏の願いを成就せよ。
仏の願いとは、一つだ。
一切《いっさい》の衆生《しゅじょう》を救いたいと念《おも》う心であり、
縁《えん》ありて集《つど》いたる一切の衆生に、
仏法真理《ぶっぽうしんり》を学び尽《つ》くしてほしいという願いなのだ。
この宝の山を、ごちそうの山を、
一人ひとりに届《とど》けたいということなのだ。
これが仏の本願である。
この本願を遂行《すいこう》することが、
弟子《でし》としての最高《さいこう》の使命である。

これ以外《いがい》に、弟子としてなすべきことも、さまざまにあろう。
それを別願《べつがん》という。
別願として、たとえば、
政治家になるとか、
よき医者になるとか、
あるいは学者になるとか、
あるいは芸術家になるとか、
そのような己《おのれ》の使命を果たして、
人類に貢献《こうけん》せんとする思いもある。
しかし、これはあくまでも別願である。

本願は一つ。
この、仏の説《と》く教えを弘《ひろ》めることだ。
そして、仏法真理の縁《えん》ができた人々に、
この教えを学び尽くしてもらうことなのだ。
さすれば、彼らは、この地上界《ちじょうかい》を縁として、
仏国土《ぶっこくど》を創《つく》り出すことができるであろう。
そう、仏の願いもまたここにある。

かつて、この地上は、光に満ちた地であった。
そして、この地上を去った世界も、

光に満ちた、調和ある世界であった。
しかし、この地上での魂修行《たましいしゅぎょう》をくり返すうちに、
しだいに本来の魂《たましい》のありかたを忘れ、
地上のなかで、「己《おのれ》かわいし」とする心が、
他《た》の者を虐《しいた》げ、己の栄華《えいが》を求める心となり、
そして、この地上界特有《ちじょうかいとくゆう》の欲望《よくぼう》というものを生み出していった。
そのような欲望が生まれた時、人間の堕落《だらく》が始まった。
ある者は、欲望のままに、
己を拡大《かくだい》し、己の力を広め、
そして、他の多くの人々を不幸に陥《おとし》いれた。
ある者は、その欲望がかなわぬがゆえに、

己の不幸の思いをまき散らし、
そして、暗い淵《ふち》に沈《しず》んでいった。
このようにして、
欲望を限《かぎ》りなく追い求める者と、
欲望が成就《じょうじゅ》できずして、
苦しみのうちに地上生命を終えたる者とが、
この地上界を縁《えん》として、地獄世界《じごくせかい》を創《つく》ったのだ。

さすれば、我《われ》らは、その初《はじ》めに戻《もど》り、
この地上世界を縁として、仏国土建設を成さねばならぬ。
地獄を創ったものが人間であるならば、

人間は、みずからの思いと行《おこな》いを通《とお》して、
その地獄を解消する必要があるのだ。
これは尊《とうと》い義務であるのだ。

魂《たましい》の処方箋《しょほうせん》

さすれば、どうすればよいのか。
その第一が、
仏法真理《ぶっぽうしんり》を弘《ひろ》めるということなのだ。
そして、次に、
仏法真理を学び尽《つ》くしてもらうということなのだ。

仏法真理とは、要するに、魂《たましい》の健康法であるのだ。
魂が病気になっている多くの者たちに、
「この処方箋《しょほうせん》のとおり生きたならば、
その魂の病《やまい》は治《なお》る」ということを教えているのだ。
だからこそ、これは尊《とうと》いのだ。

「なぜ」と、おまえたちは問うかもしれない。
「仏《ほとけ》の創《つく》られた国に生きる人間たちであるならば、
なぜ、それほどまでに魂が病《や》むのであろうか」と言うであろう。
しかし、私は言っておく。
幾百転生《いくひゃくてんしょう》、幾千転生の過程《かてい》で、

人間は、さまざまに、この地上に生まれてきたが、
その一つひとつ、どれをとっても、
まったく同じ、魂の環境《かんきょう》というものはない。
魂修行《たましいしゅぎょう》の環境は、いつの時代も違《ちが》っている。
違った魂環境《たましいかんきょう》のなかで、
どう生きればよいかということは、
新《あら》たな修行であり、
新たな修行であるからこそ、
ここに過《あやま》ちが生《しょう》じてくるのだ。
この過ちを生じさせないために、
まったく同じ環境に魂を生まれ変わらせるとするならば、

過ちは生じない反面、
一切《いっさい》の進歩《しんぽ》はなくなり、
人類は停滞《ていたい》のなかに置《お》かれるであろう。

仏は、停滞《ていたい》を捨《す》て、進歩《しんぽ》を選んだ。
進歩あるがゆえに、
新たな環境のなかでの魂修行が始まった。
それゆえに、その環境に適合《てきごう》しない人々が、
次々と失敗もしはじめたということになる。
だから、そうした者たちに、
「初心を忘れるな」

「本来の心を忘れるな」と言って、
その処方箋《しょほうせん》を出しているのだ。
この処方箋を患者《かんじゃ》に伝えることこそ、
おまえたちの使命であるのだ。

よいか、
この使命において、充分《じゅうぶん》ということは決してない。
この使命において、やりすぎたということも決してない。
この使命は、
どこまで、その内容を深め、
どこまで、その外縁《がいえん》を広げてゆくか、

これに終わりはないと言ってよいであろう。

報恩《ほうおん》の道

しかし、僧団《そうだん》の最大《さいだい》の願いは、
仏《ほとけ》の生命《いのち》、この地にあるうちに、
仏の、その本願《ほんがん》を成就《じょうじゅ》するということなのだ。
仏、生命《いのち》あるうちに、
その仏の願いに応《こた》えて、
それを成就することこそ、
弟子《でし》の道としての最大のものであるのだ。

弟子は報恩《ほうおん》の道を歩《あゆ》まねばならない。
その報恩の道とは、
仏法真理《ぶっぽうしんり》を与《あた》えられたことへの感謝なのだ。
仏法真理を説《と》いてもらい、
生きてゆく道を示されたことへの感謝が、
報恩となってゆくのだ。
そして、その報恩は、
仏の教えをくまなく宣《の》べ伝えるということにおいて、
成就されてゆくのだ。
そのことを忘れてはならぬ。

見よ、
目を上げて、
まわりの姿《すがた》を、世界を、人々の生業《なりわい》を。
ああ、そこにも、ここにも、
仏法真理に無縁《むえん》に生きている人々がいる。
これらの人々が、
その生活の基礎《きそ》を仏法真理に置《お》いたとするならば、
どれほど素晴《すば》らしい世の中になるであろうか。
まず、各人《かくじん》が、己自身《おのれじしん》の心の問題を、
己自身で解決してゆけるようになるばかりか、

修行《しゅぎょう》を進めて、教師としての役割を得たならば、
まだこれから学びを始めてゆく者たちに対して、
数限《かずかぎ》りない人生の指針を、宣《の》べ伝えることができるのだ。
このように、己も素晴らしく生き、
己が素晴らしく生きることによって、
他《た》の多くの人々を教化《きょうけ》し、そして教導《きょうどう》してゆくことこそ、
真実、法《ほう》が広がっていることの証《あかし》でもあるのだ。

地涌《じゆ》の菩薩《ぼさつ》

諸々《もろもろ》の比丘《びく》、比丘尼《びくに》たちよ。

最初に、おまえたちに私が語ったとおり、
おまえたちは、この仕事を難《むずか》しいと思ってはならぬ。
おまえたちには、不滅《ふめつ》の力が与《あた》えられている。
その不滅の力は、
第一は、
本来、おまえたちが仏《ほとけ》の子であるという事実に起因《きいん》し、
第二は、
過去《かこ》、幾十転生《いくじってんしょう》、幾百転生、幾千、幾万転生を、
仏の弟子《でし》として生き、
学んできたという事実に起因するのだ。
仏の子が、仏の教えを学び続けてきたのだ。

さすれば、その力は無限に近いものであると言ってよいであろう。
この、涌出《ゆうしゅつ》してくる力を楽しめ。
この、噴《ふ》き出してくる叡智《えいち》を悦《よろこ》べ。
この、噴き出してやまぬ愛の力を尊《とうと》べ。

おまえたちが、その心に、聖《せい》なる使命を刻《きざ》み、
そして、その使命を遂行《すいこう》せんとして、
強く、心に決意した時に、
おまえたち一人ひとりが、地涌《じゆ》の菩薩《ぼさつ》となるのだ。
あたかも、大地から菩薩がわいて出たかのように、
次から次へと、この地に菩薩があふれるであろう。

我《われ》は、この目にて、その姿《すがた》を見たい。
地涌《じゆ》の菩薩が、ここにも、かしこにも、
大地からわき出してくる姿を見たい。
そして、菩薩の集団が地に満ちて、
大きな仕事をしてゆくことこそを見たいのだ。
そうであってこそ、
この地上に仏国土《ぶっこくど》が建設されてゆくのではないのか。

おまえたちの使命は、仏国土の建設である。
仏国土は建設せねばならぬのだ。
しなくては許《ゆる》されないものであるのだ。

そうであるならば、
きょうよりの道のり、
決して、怠《なま》けることは許されぬ。
一刻一刻《いっこくいっこく》を、その一歩一歩《いっぽいっぽ》を大切にして、
地上仏国土《ちじょうぶっこくど》創《づく》りに邁進《まいしん》してゆくことこそ、
仏の弟子たちの、最も光り輝《かがや》いた姿であるのだ。

これよりのち、
一切《いっさい》の言《い》い訳《わけ》を排除《はいじょ》し、
一切の邪心《じゃしん》を排除し、
ただひたすら、この道を歩《あゆ》み続けることだ。

第4章

跳躍《ちょうやく》の時

奇蹟《きせき》の時

さて、
おまえたちにとって、とても大切な話をすることとしよう。
おまえたちの魂《たましい》が飛躍《ひやく》するために、
どうしても必要な事柄《ことがら》を述《の》べたいと思うのだ。

おまえたちは、常に、平凡《へいぼん》な毎日のなかに生きることを、
飽《あ》き飽きと感じることだろう。
私は、そういうおまえたちに対して、

「いや、人生とは、
そのように飽き飽きするもののみではない」と語りたいのだ。
「そのように平々凡々《へいへいぼんぼん》とした毎日ばかりではない」と告《つ》げたいのだ。

そう、おまえたちも、若いころに、
「世の中には、さまざまな体験《たいけん》をする人がいる」という話を聞き、
「いつかは、自分にも、
そのような体験の時が来るのではないか」と思ったことだろう。
そのとおり。
平凡に生きていたと思われる人間が、
ある日を境《さかい》にして、まったく変わった人間となることは、

充分《じゅうぶん》にありうることなのだ。
「そんなばかな。自分に限《かぎ》って、
そんなことがあるはずはない」と思う人もいるだろう。
けれども、よくよく心を落ち着けて、
私の話を聴《き》いてほしいのだ。
少なくとも、おまえたちは、
この、私の書いた書物《しょもつ》を、
いま、手に取って読んでいるはずなのだ。
私が書いた、この書物を、
手に取って読むということ自体が、
大変なことであるのだ。

それは、まさしく、おまえたちにとって、
過去《かこ》と未来を分ける、
一つの事件であると言ってもよいであろう。

人類の永い歴史のなかでも、
いまという時ほど重要な時はない。
私は、それを、くり返しくり返し、
おまえたちに告げているのだが、
おまえたちの多くは、なかなか、そのことに気がつかない。
というのも、自分自身が、
平凡性《へいぼんせい》のなかから抜《ぬ》け出すことができないからであろう。

しかし、私は言っておく。
仏《ほとけ》の再誕《さいたん》する時に生まれ合《あ》わせ、
その教えにふれるということは、
大きなことであるのだ。
しかも、仏の教えにふれて、
みずからの人生がまったく違《ちが》ったものになるということは、
それはまさしく、奇蹟《きせき》の時であるということなのだ。

人類の歴史をひもといてみるならば、
過去、偉大《いだい》な如来《にょらい》が数多く地上に肉体を持ち、そして、尊《とうと》い仕事を成しとげていった。
その尊い仕事を成しとげてゆく過程《かてい》において、
数多くの人々の魂が、
いままでにない輝《かがや》きに包《つつ》まれたということは、
おまえたちの想像《そうぞう》に難《かた》くないことであろう。
人間は、何度も何度も、くり返し地上に生まれ変わり、
新《あら》たな魂修行《たましいしゅぎょう》をしているのであるが、
こうした偉大な如来が地上に降《お》りる時に、
その教えを学ぶということは、
おまえたちにとって、魂が跳躍《ちょうやく》する時でもあるのだ。
そう、ちょうど、

わずか一回のその転生《てんしょう》が、十回分にも相当《そうとう》する、
そのような魂修行《たましいしゅぎょう》に値《あたい》すると言っても、過言《かごん》ではない。
いや、それ以上《いじょう》の価値ある時を魂に刻《きざ》む者も、
なかにはいるのだ。

それは、そのとおりだ。
あの太陽のような光が、
おまえたちの胸《むね》を、
その、閉《と》じられた胸の扉《とびら》を開《あ》けて、
射《さ》し込《こ》んでくるというのだから、
いままで暗闇《くらやみ》に閉《と》ざされていた、その心の内が、

くまなく、明るく照らされるのだ。
その時に、
はるか昔《むかし》に忘れ去った、あの懐《なつ》かしい感動が、
呼び起こされるに違いない。

おまえたちは、
目の見えぬ者を見て、気の毒に思い、
耳の聞こえぬ者を見て、気の毒に思い、
においをかぐことができぬ者を見て、気の毒に思い、
足の動かぬ者を見て、気の毒に思い、
手を使うことができぬ者を見て、気の毒に思う。

しかし、魂の目が開《ひら》かず、
魂の耳が閉じており、
魂の鼻がにおいをかげず、
魂の口が物を食べることができず、
魂の手が縛《しば》られ、
魂の足が、歩くことを許《ゆる》されない時にも、
おまえたちはその不自由を感じないでいる。
それは、永い永い年月《ねんげつ》のあいだ、
忘却《ぼうきゃく》のなかにいたからなのだ。
しかし、真実を知った時に、
おまえたちは変わってゆかざるをえないのだ。

真《しん》の平等と自由

人間とは、まことにまことに不思議なものであることよ。
成熟《せいじゅく》した魂《たましい》であったものが、母の胎内《たいない》に宿《やど》り、
数カ月、暗闇《くらやみ》のなかで、魂の修行《しゅぎょう》に耐《た》え、
赤《あか》ん坊《ぼう》として、地上に生まれ出る時に、
ああ、過去《かこ》の記憶《きおく》は、一切《いっさい》、消し去られ、
どのような魂《たましい》であっても、
平等に、ゼロからのスタートを切るのだ。
それを不合理《ふごうり》だと言う者もあるであろう。

「それぞれの魂は、進化の速度が違《ちが》うのであるから、
まったく同じように、ゼロからのスタートを切るということは、
不合理である」と言う人間がいても、
おかしくはあるまい。

けれども、考えてほしいのだ。
おまえたちがよく耳にする、
平等、そして自由ということの意味を。
真《しん》の平等とは何であるか。
いかなる境涯《きょうがい》にある魂であっても、
母の胎内《たいない》に宿り、

そうして、赤ん坊として、いったん生まれたならば、
すべて過去の事実を忘れて、
ゼロからのスタートを切るという点においてのみ、
人間は平等を享受《きょうじゅ》できるということなのだ。
そして、自由とは何であるか。
ゼロからのスタートを切った赤ん坊が、
その個性を発揮《はっき》し、
その思いによって、行《おこな》いによって、
みずからの人格《じんかく》を形成《けいせい》し、
仕事をなしてゆく時に、
いかなる評価を受けるような人間になるかは、

各人《かくじん》の責任にゆだねられているということを意味するのだ。
これが、平等と自由のほんとうの意味であるのだ。

さすれば、おまえたちは、
この事実を尊《とうと》び、
また、この事実を畏《おそ》れなければならない。
過去、いかなる人生を生きてきたとしても、
今世《こんぜ》のスタートにおいては、いったん、
同じスタートラインに並《なら》ぶことができるということ、
これは尊いことだ。
「仏《ほとけ》は、このような機会を与《あた》えられた」と、

おまえたちは悦《よろこ》ぶがよい。

たとえば、ある人間が、如来《にょらい》の境地《きょうち》を持って、如来の心でもって生まれ来《き》たったとするならば、その仕事に、さらに拍車《はくしゃ》がかかることになり、ある者が、凡夫《ぼんぷ》の悟《さと》りを得て生まれ、そのままに生きてゆくとするならば、如来《にょらい》と凡夫《ぼんぷ》の魂《たましい》の境涯《きょうがい》は、さらに開《ひら》くことになるであろう。ところが、同じくスタートを切ることによって、互《たが》いに、相手を別のものとは思わず、同じ人間だと思って、魂の修行をなし、共に切磋《せっさ》琢磨《たくま》してゆくうちに、

互いの魂の輝《かがや》きが違ってくることを見、
なぜであるかを考える。
そこに大いなるチャンスがあるということなのだ。

また、考えてもみよ。
地上に生まれてくる前の魂たちが、
いかに生き生きとしているかということを。
いかに悦《よろこ》びに満ち満ちているかということを。
この魂たちは、まさしく歓喜《かんき》のなかにある。
もう一度、まったく白紙《はくし》の状態《じょうたい》で、
地上に生まれ変わることができるというのだ。

この悦《よろこ》びは、いかばかりであろうか。
それは、天にも舞《ま》い上がらんばかりの気持ちであるのだ。
「よし、いままでの過去と決別《けつべつ》し、
そして、もう一度、やり直そう」と思う心の、
どれほどに尊いことであろうか。

しかし、やがて、成長と共に、
それぞれの人間は、
その魂の性質の赴《おもむ》く方向に、その成長をとげる。
ある者は、責任感強く、自分の心を律《りっ》し、
他《た》の人々を導《みちび》くことをもって悦《よろこ》びとし、

ある者は、他の人々を害しても、
何一つ恥《はじ》と思うことなく生きてゆくようになる。
ここに、魂の大きな分かれ道があると言ってよいであろう。

しかし、私は思うのだ。
本来の平等と自由というものが、
このようなものであるならば、
この事実を知るということによって、
逆に、己《おのれ》の人生を設計《せっけい》することができるのではないかと。
己《おのれ》の人生は、再設計《さいせっけい》することが可能なのではないかと。
そうであってこそ、

また新《あら》たなチャンスが生まれるのではないかと。
この地上に赤ん坊として生まれる時が、
最初のチャンスであるとするならば、
仏法真理《ぶっぽうしんり》に気づき、人生を再設計することが可能になった時が、
第二のチャンスであると言ってよいだろう。
これが、魂の跳躍《ちょうやく》の時なのだ。

魂《たましい》の根っこ

さて、では、
仏法真理《ぶっぽうしんり》を知った第二の跳躍《ちょうやく》の時、

第二の誕生《たんじょう》の時、
心すべきことは、いったい何であるのか。

まず第一に心がけねばならないことは、
過去《かこ》の自分を見つめるということなのだ。
過去、どのように生きてきた自分であるのか。
それを再確認《さいかくにん》せねばなるまい。
過去、己《おのれ》の生きてきた道筋《みちすじ》をたどって、
一つひとつ、丹念《たんねん》に反省してみることだ。

この反省の時に、

仏法真理をよく心に描《えが》いて、
仏法真理に基《もと》づいて反省することができる者は、幸《さいわ》いである。
何が思ってよいことで、
何が思っては悪いことか、
何がしてよいことで、
何がしてはいけないことであるかは、
仏法真理の陽《ひ》の下《もと》に、
仏法真理の太陽の下には、
明らかである。
その時に、
過去、自分が間違《まちが》って心に描《えが》いたこと、

間違って他《た》の人々になしたこと、
そのようなことがあるならば、
深く深く、己《おのれ》自身《じしん》を反省するがよい。

しかし、この反省は、
己の思いと行《おこな》いのみを反省するのであっては、
まだ、充分《じゅうぶん》とは言いかねる。
そうではない。
もっともっと奥深《おくぶか》いところまで反省せねばならぬ。
それは、
己《おのれ》の魂《たましい》の性質が、いかなるものであるかというところまで、確かめねばならんということなのだ。
ある思いが出、ある行動が出るということは、
魂の根っこ、心根《しんこん》、心根《こころね》というべきもののなかに、
何らかの原因があるのである。
おまえたちは、
過去《かこ》、自分が思ったこと、行《おこな》ったことを振《ふ》り返《かえ》って、
そして、自分の魂の性質に、
いかなる根っこがあるかということを、
考えねばなるまい。
深く深く、それを見つめるのだ。
その時に、

今世《こんぜ》の己の魂修行《たましいしゅぎょう》が、いったい何であるかということが、
明らかになるであろう。
その努力を怠《おこた》って、
単に、悪《あ》しきことを思ったならば、それを反省し、
悪しきことを行《おこな》ったならば、
「もう、すまい」と誓《ちか》うだけであっては、
まだまだ充分ではないのだ。
魂の根っこに、そのような傾向《けいこう》があるとするならば、
時間の経過《けいか》と共に、
また、おまえたちは、
まったく同じことをなしてしまうのだ。

しかし、考えてみるならば、
魂には傾向性《けいこうせい》というものがあって、
この傾向性を切りかえることは、
非常《ひじょう》に難《むずか》しいことであるのだ。
ちょうど、まっしぐらに走る、あの新幹線《しんかんせん》が、
急《きゅう》ブレーキを踏《ふ》んでも、すぐには止まらないように、
おまえたちの魂の傾向性も、
一種の慣性《かんせい》の法則のなかにあって、
急にブレーキをかけることもできなくば、
急にハンドルを右に切り、左に切ることも、困難《こんなん》であるのだ。

さすれば、私はおまえたちに言おう。
比較的《ひかくてき》早い時期に、
この己《おのれ》の魂の根っこに気づいた者は、幸いである。
残された時間、充分《じゅうぶん》に努力し、
だんだん、だんだんだんに、
己の魂の性質を変えてゆくことに努力せよ。

金貨《きんか》を探し出せ

しかし、人生の晩年《ばんねん》において、

己《おのれ》の魂《たましい》の性質に初《はじ》めて気づいた者は、
なかなか大変なものが、そこにあると思わなければならない。
金貨《きんか》を、夕暮《ゆうぐ》れ時《どき》に探すならば、大変な焦《あせ》りを伴《ともな》うものだ。
まもなく日が暮《く》れるという時に、
金貨は、探せども探せども、見つからないことがある。
やがてとっぷりと日が暮れることもあるであろう。
そのような時には、カンテラの灯《ひ》をかざせ。
カンテラの灯をかざしたならば、
たとえ、草むらのなかに金貨が眠《ねむ》っていても、
その金貨は必ずや光をはね返し、
どこにあるかということを、おまえたちに教えるであろう。

このように、
人生のたそがれ時《どき》において、
初《はじ》めて仏法真理《ぶっぽうしんり》を知った者は、
その仏法真理を、
カンテラのごとく、高く掲《かか》げることが望《のぞ》ましい。
すなわち、ここにおいて、
決死《けっし》の覚悟《かくご》をし、志《こころざし》を高く置《お》き、
どこまでもどこまでも高く、仏法真理を求めるのだ。
幸《さいわ》いにして、おまえたちには、
尊《とうと》い経験というものがある。

また、知識というものがある。
この、経験と知識とを土台《どだい》として、
高みにのぼるのだ。
櫓《やぐら》にのぼるのだ。
そして、櫓の上で、
仏法真理という名のカンテラを掲げるのだ。
さすれば、落とした金貨が見つかるであろう。
その金貨とは、
おまえたちの善性《ぜんせい》であり、仏性《ぶっしょう》である。
ダイヤモンドの心である。
おまえたちの良心である。

これを探し出すのだ。
そして、その金貨に、もし汚《よご》れある時は、
この汚れを速《すみ》やかに取り除くことだ。
これが大事なこととなる。

さて、そうして、一枚の金貨を手に入れたならば、
大切にしなさい。
夕暮れ時に見いだした金貨は、その価値は高い。
この金貨を無駄《むだ》に使うことなく、
真実、大切なもののために使え。
真実、世の役《やく》に立《た》つもののために使うのだ。

そうであってこそ、
おまえたちは、真《しん》に仏法真理を学ぶ人として、
その資格《しかく》を認《みと》められることとなるのだ。

いずれにしても、
この仏法真理に気づいた時、
おまえたちの心は変わる。
おまえたちの人生は変わる。
いや、変わらざるをえないのだ。
そうであるならば、
この書を手に取って読んだ時のことを、

決して忘れてはならない。
これからが、魂が跳躍《ちょうやく》してゆく時なのだ。
わが教えにふれてよりのち、
魂の堕落《だらく》は許《ゆる》されないのだ。
すべての魂は、ただ向上を目指すのみなのだ。

正思《しょうし》の道

そして、その魂向上《たましいこうじょう》の道の一つに、
反省的瞑想《はんせいてきめいそう》という方法がある。

我《われ》はかつて、おまえたちに八正道《はっしょうどう》を説《と》いた。
八つの正しい道を説いた。
正しく見よ。
正しく思え。
正しく語れ。
正しく行為《こうい》をなせ。
正しく生活をせよ。
正しく道に精進《しょうじん》し、
正しく念《ねん》じ、
正しく定《じょう》に入《い》れ――と。
この八つの正しき道こそ、

おまえたちが、人生の途中《とちゅう》で仏法真理《ぶっぽうしんり》に目覚め、
その人格《じんかく》を向上させ、
珠玉《しゅぎょく》の宝へと変えてゆくための秘法《ひほう》であるのだ。

この八正道のなかで、
特に大事なことを、ただ一つ取り出すとするならば、
すべては、「正しく思う」という、この一点に集約《しゅうやく》される。

あたりを見渡《みわた》してみよ。
おまえたちを取り囲《かこ》んでいる人たちの、
心の様相《ようそう》を見よ。

心のありかたを見よ。
なんとも見下《みさ》げ果てたことを、
一日中、考えているではないか。
いや、ほとんど考えなきに等《ひと》しい人が、
どれほどの数、いることであろうか。
考えなき人生を生きるとは、
昆虫《こんちゅう》の人生にも劣《おと》ると言わざるをえまい。
昆虫でさえ、みずからのえさを探して、
考え考え、道を歩《あゆ》み、
みずからを害するものを避《さ》け、
そうして生業《なりわい》を立てているではないか。

考えることもなく生きているということは、
昆虫《こんちゅう》以下《いか》の人生であるとさえ、言うことができよう。
人間として生まれ、そして生きてゆくことの、
いちばんの意味は、
人間が考えというものを持つことができるという点に
帰着《きちゃく》するのだ。
すなわち、「正しく思う」とは、
「正しく考える」と言いかえてもよいだろう。
おまえたちの人間性《にんげんせい》を決定《けってい》しているものは、
すべて、おまえたちの考える中身《なかみ》にある。

もし、他人《たにん》の心がガラス張りだとして、
だれもがその中身を見ることができるとしたならば、
おまえたちは、いったい、どのように感じるだろうか。
まさしく、それは驚愕《きょうがく》でしかあるまい。
もし、おまえたちの首から黒板《こくばん》がぶら下がっていて、
その黒板に、おまえたちの考えていることが、
チョークの文字となって現《あらわ》れているとしたら、どうするか。
街《まち》を歩くことさえできまい。
人と視線《しせん》を合《あ》わせることさえできまい。
何しろ、おまえたちの考えていることが、
すべて外に書かれ、

そして、他《た》の人の目にさらされるというのだから。


この際《さい》に、どうすればよいのか。

そう、基本的《きほんてき》には二つのことが重要となろう。

一つは、見られても恥《は》ずかしくないような、仏法真理《ぶっぽうしんり》に則《のっと》ったことを考えるということである。

そして、いま一つは、
もし仏法真理に反したことを考えたとしても、即座《そくざ》に修正《しゅうせい》を入れるということなのだ。

「ああ、自分は間違《まちが》ったことを考えていた。

これは、自分の良心に照らして、

まことに恥《は》ずべきことであった」と、
即座に修正することなのだ。
それによって、魂《たましい》は洗《あら》われ、
その汚《けが》れは取り去られるのだ。

このようにして、
自分の正しき思いというものを探究《たんきゅう》してゆく過程《かてい》において、
その魂は、次第《しだい》しだいに力を帯《お》びてくることになるのだ。
偉大《いだい》なる人物とは、
偉大なることを考えた人間のことであるのだ。
これが大事なポイントとなる。

魂《たましい》の生地《きじ》の洗濯《せんたく》

しかし、この際《さい》に、
おまえたちに、さらに、分かりやすく話をしてゆくとしよう。
おまえたちは、偉大《いだい》な考えを持つということを、
非凡《ひぼん》な考えを持つことと捉《とら》え、
難《むずか》しい考えを持つことと捉え、
他《た》の人が考えないようなことを考えることと捉えるだろう。
けれども、私は言う。
確かに、そのように、非凡な内容のことを考え、

他の人が決して思いつかないような
偉大なことを考えることは、
重要なことであるが、
その前に前提《ぜんてい》があるということを。
それは、おまえたちの心が清《きよ》らかでなければ、
どのような偉大な思想も無駄《むだ》になるということなのだ。

人間の魂《たましい》にとって、いちばん大切なことは、
その魂の基《もとい》が清らかであるということなのだ。
魂の根っこがよく洗《あら》われ、
不純《ふじゅん》なものがないということなのだ。

魂が透明《とうめい》であるということなのだ。
これがまず先決《せんけつ》のことであり、
これを考えることなく、膨大《ぼうだい》な知識を詰《つ》め込《こ》んでも、
残念ながら、それは実《みの》りあるものとならないのだ。
そう、これもまた、砂上《さじょう》の楼閣《ろうかく》の一つにしかすぎないのだ。

見よ、
世の中で、成功したと言われる人を。
世の中で、大知識《だいちしき》を持っていると言われる人を。
彼らは、まさに、
この砂上の楼閣を築《きず》いているのではないだろうか。

人間としての、その本性《ほんせい》において、
清らかなものを持っているか。
無私《むし》なるものを持っているか。
そういう心を持つことなく、
自分の事業欲《じぎょうよく》のために、
知識欲《ちしきよく》のために、
出世欲《しゅっせよく》のために、

さまざまな思想を詰《つ》め込《こ》み、
学問をし、専門知識《せんもんちしき》を吸収《きゅうしゅう》したとしても、
それらのものは不毛《ふもう》である。
一陣《いちじん》の風が吹《ふ》いてきた時に、

やがて、砂上《さじょう》の楼閣《ろうかく》は、もろくも崩《くず》れてゆくであろう。
この一陣の風とは、無常《むじょう》の風である。
あの世から吹いてくる風である。
どのような人間も逃《のが》れることのできない、
人生の終わりの時に吹いてくる風である。
この一陣の風に見舞《みま》われたら、
このような砂上の楼閣は、ひとたまりもないのだ。
その土台《どだい》から崩《くず》れてゆかざるをえないのだ。

ゆえに、魂が跳躍《ちょうやく》する前には、土台《どだい》を固《かた》めよ。
これが大事なことなのだ。

日々、己《おのれ》の心を振《ふ》り返《かえ》り、
邪悪《じゃあく》なるものが、そのなかにないかどうかを振り返るのだ。
みずからの心のなかに、よこしまなる思いはないか。
みずからの心のなかに、貪欲《どんよく》な思いがないか。
みずからの心のなかに、虚栄心《きょえいしん》に満ちたものはないか。
みずからの心のなかに、他《た》を見下《みくだ》す心がないか。
みずからの心のなかに、
自分自身の魂を破滅《はめつ》させるようなものがないかどうか。
そうしたことを考えるのだ。
こうして、日々、己の魂の生地《きじ》を洗濯《せんたく》するのだ。
魂の生地をきれいに洗濯し、それを乾《かわ》かしてこそ、見事《みごと》な色柄《いろがら》をつけることも可能であるのだ。
白い生地には、さまざまな絵を描《か》くことができるのだ。
このことを大事にしなさい。

魂《たましい》が跳躍《ちょうやく》する時

さあ、数多くの真理《しんり》は、すでにあなたがたに与《あた》えられた。
そのなかで、
「自分をつくってゆくならば、
正思《しょうし》ということが大事だ」と言った。
「正しく思うということは、

正しく考えることだ」と言った。
「正しく考えることの基《もとい》は、
己《おのれ》の心をまず清《きよ》らかにすることだ」と言った。
「そのためには、日ごろ、
心のなかに降《ふ》りかかる砂塵《さじん》を払《はら》うことだ」とも言った。

そうして、
偉大《いだい》な真理を学び続けてゆくなかに、
偉大な真理をつかんで、
これを実社会に生かしてゆくなかに、
そこに、前代未聞《ぜんだいみもん》の光景《こうけい》が広がってゆくのだ。

あなたがたは、真《しん》に力強い自分の姿《すがた》を見るであろう。
「これが自分か」と思うような、
そのような自分の姿を見ることとなるだろう。
それが素晴《すば》らしいのだ。

魂《たましい》の跳躍《ちょうやく》の時は、悦《よろこ》びとして明らかに分かる。
自分が向上していると感じる時こそ、
真に魂は悦《よろこ》びを感ずることができるのだ。
魂が跳躍している、その確認《かくにん》は、
あなたがたが見る、まわりの景色《けしき》となって、
はね返ってくるであろう。

魂が跳躍する時、
人々の顔に、明るさが見えるであろう。
人々の顔に、希望が見えるであろう。
人々のなかに、善性《ぜんせい》が見えるであろう。
人々のなかに、仏《ほとけ》の子の光が見えるであろう。
そして、
我《われ》がここに生き、彼《かれ》がそこに生きるということを、
限《かぎ》りなく愛するようになるであろう。
また、
与えられた食物《しょくもつ》、与えられた環境《かんきょう》、大自然、
すべてのものに、感謝の思いが込《こ》み上《あ》げて、

光に満ちた気持ちになるであろう。

この魂の歓喜《かんき》を味わえ。
跳躍した後《あと》には、このような悦《よろこ》びがあるのだ。
この悦《よろこ》びを自分のものとせよ。
修行《しゅぎょう》は苦しいのみではない。
真なる修行は、真なる悦《よろこ》びを伴《ともな》うのである。
この魂の悦《よろこ》びを携《たずさ》えればこそ、
永き旅も、軽く感じられるのだ。
永き旅も、また、快《こころよ》いものと思われるのだ。
我と共に、この道を歩《あゆ》むのだ。

第5章

永遠の仏陀《ぶっだ》

我《われ》は救世主《きゅうせいしゅ》以上《いじょう》のもの

諸々《もろもろ》の比丘《びく》、比丘尼《びくに》たちよ。
この、わが懐《なつ》かしき声を、
魂《たましい》の奥底《おくそこ》にまで刻《きざ》んでおくがよい。
おまえたちは、二千六百年の時空間《じくうかん》を経《へ》て、
ふたたび、わが声を聴《き》いているのである。

この地上にて生命《いのち》ある時に、
わが声を聴く者は、幸《さいわ》いである。

すべてのものを打《う》ち捨《す》ててでも、
この幸いなる瞬間《しゅんかん》を選び取るべきなのである。

我《われ》は、久遠《くおん》の仏《ほとけ》、永遠の仏陀《ぶっだ》である。
幾転生《いくてんしょう》、幾十転生、幾百転生を通《つう》じて、
我は、
久遠の仏であり続け、
久遠の師であり続け、
永遠の仏陀であり続けた。

永遠の仏陀とは、すなわち、これ、

永遠の法《ほう》そのものである。
永遠の法とは、すなわち、これ、
宇宙の根本《こんぽん》たる仏の心。
それを、則《のり》として、教えとして、体現《たいげん》しているものである。
あなたがたは、よくよく、この価値を知らなくてはならない。
わが語る、この言葉の、片言隻語《へんげんせきご》さえ見逃《みのが》してはならない。
一文字《ひともじ》、一文字《ひともじ》に込《こ》められたる光を、
確実《かくじつ》に読み取り、わがものとせねばならぬ。

ああ、幾星霜《いくせいそう》を経《へ》て、
久《ひさ》しく師と弟子《でし》の契《ちぎ》りを結んだ者たちよ。

いまの時代が、風雲急《ふううんきゅう》を告《つ》げ、救世《きゅうせい》の時代であることは、
おまえたちにも、ひしひしと分かってきたことであろう。

しかし、この、わが言葉をよくよく聴くがよい。
我は、救世主《きゅうせいしゅ》として、この世に来たのではない。
我は、救世主《きゅうせいしゅ》以上《いじょう》のものとして、この世に来たのである。
この地上の人々を救うということは、
わが説《と》く法が、
人々の心にしみわたり、学び尽《つ》くされた時に、
おのずと、そうなるのである。
しかし、わが説く教えは、

地上の人々を救うという、
そうした目的そのものに矮小化《わいしょうか》されてしまうものではなく、
それ以上のものであるのだ。
このわが言葉、このわが教え、それに基《もと》づいて、
この宇宙は、この世界は、創《つく》られたのだ。

仏《ほとけ》は法《ほう》なり、仏は教えなり

くり返し、おまえたちに告《つ》げる。
このわが教えは、
単に、おまえたちの心を救うがためにのみ、

説《と》かれているのではない。
この教えを本《もと》として、全宇宙は統《す》べられているのだ。
この教えを実現《じつげん》すべく、
人類の過去《かこ》・現在・未来があり、
人類なき過去にも、
この教えは厳然《げんぜん》としてあり、
人類なき未来にも、
また、あるであろうということを、
私は明言《めいげん》しておく。
このわが説く法《ほう》は、
人間の出現《しゅつげん》に先立ち、

人間の消滅《しょうめつ》におくれて、
なおもあるものである。

教えとは、姿《すがた》を変えたる仏《ほとけ》そのものであるということを、
おまえたちは知らなくてはならない。
わが教えを読むは、仏を見ると同じなのである。
仏を知らんと欲《ほっ》せば、わが教えを見よ。
その教えこそが、姿形《すがたかたち》なき仏の実体《じったい》なのである。

おまえたちは、空を見上《みあ》げて、仏を見んとするか。
おまえたちは、目を閉《と》じて、仏を見んとするか。

おまえたちは、想像《そうぞう》のなかで、仏を見んとするか。
それとも、
おまえたちは、霊的《れいてき》なる目を開《ひら》いて、仏の姿を見んとするか。
いずれの試《こころ》みも、虚《むな》しく終わるであろう。
そう、真実の仏とは、姿形なきものである。
真実の仏とは、
この地上を超《こ》えた実在世界《じつざいせかい》にある高級霊《こうきゅうれい》の姿をとった、
その霊的実在でもない。
その霊的実在を超《こ》えたるものが、真実の仏であり、
真実の仏の姿は、教えに表《あらわ》れているのだ。

よくよく聴《き》くがよい。
手で仏をさわらんとし、目で仏の姿を見んとし、
その体の大きさに合《あ》わせて仏を測《はか》ろうとする者たちよ。
仏とは、
おまえたちの五官《ごかん》によって捉《とら》えられるものではない。
おまえたちの想像《そうぞう》するようなものではない。
仏とは、法であり、
仏とは、教えであるのだ。
わが説く、この法こそが、
わが説く、この教えこそが、
仏の実体の本質であるのだ。

わが教えを学ぶ時、
おまえたちは仏の姿を見たのである。
わが教えを聴く時、
おまえたちは仏の声を聴いたのである。
わが教えを理解する時、
おまえたちは仏の心を理解したのである。

くり返し、くり返し、言う。
仏とは、姿形《すがたかたち》なきもの。
仏とは、人間を超えたるもの。
しかして、霊《れい》を超えたるものでもある。

仏とは、人間的なる感覚を超越《ちょうえつ》し、
この宇宙を統《す》べるところの、
教えそのものとなっている存在《そんざい》なのだ。

おまえたちは、
その手にしているページの一枚、一枚に、
仏の姿を見ているのである。
仏とは何であるかを知りたくば、
わが説く教えを、深く深く、理解せんとせよ。
そこに、
仏とは何であるかという、その問いに対する答えが、明らかに現《あらわ》れてくるであろう。

一千億年《いっせんおくねん》の歴史

ああ、思えば、はるかなる昔《むかし》のことであった。
一千億年《いっせんおくねん》の、その昔に、
この大宇宙を創《つく》らんとする時にも、
我《われ》は、すでに存在《そんざい》していた。
我は、念《おも》いのなかにて、
この宇宙の、あるべき姿《すがた》を決めた。
そして、宇宙に張り巡《めぐ》らされるべき、

法《ほう》というものを組んだ。
この法が、宇宙に流れる血管《けっかん》であり、血液《けつえき》なのだ。
この法というものを通《つう》じて、
この宇宙は、一つの大きな体として成り立って見えるのだ。

はるかなる、一千億年の、その昔に、
この宇宙を創らんとし、
その構想《こうそう》を練《ね》っていた時に、
我は思った。

すべての者よ、

無限の向上を目指せ。
しかして、すべての者よ、
おまえたちは、ひよわな存在であってはならぬ。
我は、おまえたちをより優《すぐ》れたる者となすために、
おまえたちには、厳《きび》しい試練《しれん》も与《あた》えよう。
砂鉄《さてつ》変《へん》じて、鋼《はがね》となすためには、
厳しい火の試練も、
厳しい水の試練も、
厳しい槌《つち》の試練も与えよう。
しかして、強くなれ。
しかして、無限に鍛《きた》えられてゆけ。

しかして、無限に美しく、
しかして、無限に善《よ》きものとなれ。

我はそう願った。
その後《ご》、一千億年の歴史は、
わが念《おも》いのなかにある。
わが念いのなかに、移《うつ》り変《か》わっている。

けれども、
初《はじ》めにありて念《おも》いしものの心を知らぬ子供たちよ。
おまえたちは、その有限の物差《ものさ》しを捨《す》てるがよい。

わずか数十年という、短い己《おのれ》の人生の物差しを捨てるがよい。
そして、一千億年の昔から、
おまえたちを創《つく》り、育《はぐく》み、
無限に善きものとせんとした念《おも》いがあったということを、
忘れてはなるまい。

栄光《えいこう》の瞬間《しゅんかん》

ああ、この太陽系《たいようけい》ができたは、
わずか、ほんの、ついきのうのことのようにも思える。
太陽が生まれ、そのまわりを回る惑星《わくせい》が生まれた。

惑星のなかに住んでいる小さな存在《そんざい》である、おまえたちには、
その惑星たちの一つひとつを生み出した時の悦《よろこ》びが、
その星を創《つく》った時の悦《よろこ》びが、分かるまい。
その星を創り、その星に生命《せいめい》を降《お》ろした時の、
その悦《よろこ》びの気持ちが、分かるまい。
しかし、私はあえて言う。
おまえたちの住む星は、悦《よろこ》びと共に生まれたのだ。
そして、その星に生きている、
動物、植物、鉱物《こうぶつ》、また人類も、
悦《よろこ》びの下《もと》に創られたのだ。
仏《ほとけ》の経綸《けいりん》を実現《じつげん》すべく、悦《よろこ》びのなかに生まれたのだ。

ああ、その聖《せい》なる、高貴《こうき》なる悦《よろこ》びよ。
おまえたちは、その高貴なる瞬間《しゅんかん》を、その始まりを、
想像《そうぞう》だにすることができないのか。
それが、そんなに難《むずか》しいことであろうか。
小さな小さな心を捨《す》て去り、
大きな大きな心と一つになることだ。
おまえたちが人間として生まれ、育ち、生きてきて、
規定《きてい》しているところの、
人間という名の、思いの枠《わく》を取り払《はら》い、
宇宙を創《つく》りたる仏の心と一つになれ。

心の縛《しば》りを取り除き、
肉体の殻《から》を脱《ぬ》ぎ去り、
仏の心と一つとなれ。
さすれば、おまえたちの心のなかにも
栄光《えいこう》の瞬間《しゅんかん》がよみがえってくることだろう。
おまえたちにも、
この太陽系を創った時の悦《よろこ》びが、
この地球を創った時の悦《よろこ》びが、
伝わってゆくに違《ちが》いない。

人類の選択《せんたく》

この地球ができて、四十六億年以上の歳月《さいげつ》が流れた。
それは、わが一千億年《いっせんおくねん》の孤独《こどく》のなかでは、
ほんの、ついきのうのことのようにも思える。
されど、我《われ》は、この地球のすべてに関し、
最終《さいしゅう》の権限《けんげん》を有《ゆう》するものである。
わが宣《の》べ伝えるところの仏法真理《ぶっぽうしんり》を守り、
広げ、実現《じつげん》することこそ、
人間としての真《しん》なる生き方であるのだ。

我は、ふたたび、おまえたちに法《ほう》を示した。
おまえたちに、人間として生きてゆくための則《のり》を示した。
その則を守りて、素晴《すば》らしき仏国土《ぶっこくど》を建設するか否《いな》かは、
おまえたち人間の所行《しょぎょう》にかかっている。
わが教え、人々の心にしみわたり、
仏国土がこの地上に涌出《ゆうしゅつ》すれば、
おまえたちは真実の仏《ほとけ》の子と言えよう。
されど、わが教え説《と》かるるも、
その教え、伝わらず、
その教え、人々を救うに至《いた》らず、

その教え、歴史の波間《なみま》に、反故《ほご》として捨《す》て去られたならば、
もはや、人類は地上に住むことが許《ゆる》されなくなるだろう。
そのことをも、私はおまえたちに厳《きび》しく警告《けいこく》しておこう。

この、わが説く教えに従《したが》って、仏国土を築《きず》くか。
あるいは、このわが教えを一顧《いっこ》だにすることもなく、
人類そのものが滅亡《めつぼう》し去るか。

選べ、選ぶのだ、
いずれを取るかを。
繁栄《はんえい》を取るか、滅亡を取るかを。
わが念《おも》いには厳しいものがあるということを知らねばなるまい。

わが教えは、
ある時は、愛となり、
ある時には、厳《きび》しい剣《つるぎ》ともなるであろう。
親は、子に対して、その真実の成長を願うからこそ、
厳しく、その教えを説き、
その教えの実現を迫《せま》ることもあるということを知っておくがよい。

もう一度、くり返して言っておく。
すべては、おまえたちの選択《せんたく》であるのだ。
この地球を創《つく》り、地球に人類を住まわせたころより、

「この法を本《もと》に、仏国土を創《つく》り、幸福な生活を営《いとな》め」というのが、
わが教えであった。
その事実を、もう一度、私はおまえたちに告《つ》げているのだ。
それを、信じて行《おこな》うか否《いな》かは、
おまえたちの選択にかかっている。
しかし、仏国土実現の意欲なく、努力なく、希望なく、
停滞《ていたい》と堕落《だらく》を選び取るならば、
人類を待ち受けているものは滅亡《めつぼう》である。
それだけを、私は、はっきりと言っておく。

勇気持ちて立て

特に、わが教えを一度《ひとたび》ならず学んでいる、わが弟子《でし》たちよ。
おまえたちは、これ以上《いじょう》、師に対して甘《あま》えてはならない。
師はすでに教えを説《と》いた。
この教え、告《つ》げ知らせるは、
弟子の使命である。
この教え、広がらぬは、
弟子としての恥《はじ》であり、
弟子としての不覚《ふかく》である。

何のために、今世《こんぜ》、生命《いのち》をうけたかを、
もう一度、もう一度、思い起こしてみよ。
わが言葉を、正しく受け止めるならば、
おまえたちは、
一刻《いっこく》の猶予《ゆうよ》もないということを知らねばなるまい。

法《ほう》とは、仏《ほとけ》の光であり、仏の光の本質である。
仏の光であるからこそ、
その法に背《そむ》くものたちの存在《そんざい》を許《ゆる》さないのだ。
光は、あらゆる闇《やみ》を砕破《さいは》し、撃破《げきは》し、
光の使命を実現《じつげん》する。

願わくば、
おまえたちが、万が一《いつ》にも、
光によって追い散らされる闇とはならぬことを。

よいか、
この教えを広ぐることを怠《おこた》るということは、
その怠りの事実そのものでもって、
闇の勢力を支《ささ》えているということなのだ。
あらゆる羞恥心《しゅうちしん》をなげうち、
あらゆる無気力と闘《たたか》い、
あらゆる、この世的なる誘惑《ゆうわく》を粉砕《ふんさい》し、

しかして、勇《いさ》ましく、ただ一人立て。
勇者は、孤独《こどく》のうちに立つ時に、聖《せい》なる光を帯《お》びるのだ。
勇気持ちて立て。
そして、己《おのれ》の弱さと闘い、
また、仏の法の具現《ぐげん》を妨《さまた》げるものと闘え。
最大《さいだい》の値打ちあるものを広げるということに、
躊躇《ちゅうちょ》してはならぬ。

仏弟子《ぶつでし》たちよ、
仏陀《ぶっだ》サンガに集《つど》いたる誇《ほこ》りを忘れてはならない。
あなたがたは、最高《さいこう》を目指せ。

あなたがたは、最大《さいだい》を目指せ。
あなたがたは、最強《さいきょう》を目指せ。
それは、とりもなおさず、
本来の姿《すがた》を取り戻《もど》せということなのだ。
すべては仏の心の下《もと》に生かされているという、
根本的《こんぽんてき》なる事実を知った時、
おまえたちは、
最高、最大、最強なるものが、
すなわち仏そのものであるということを、
知るに至《いた》るであろう。
その仏そのものを、

教えというかたちを通《とお》して知らしめているのが、
仏陀であるのだ。

永遠の仏陀《ぶっだ》の光、いまここに

行《ゆ》け、
行きて、わが言葉を伝えよ。
永遠の仏陀《ぶっだ》の言葉を伝えよ。
永遠の真理《しんり》を伝えよ。
永遠の法《ほう》を宣《の》べ伝えよ。
永遠の仏陀、東の国にてよみがえり、その声発《はっ》するを、この日本に、くまなく伝えよ。
全世界の人々に伝えよ。
億万《おくまん》の民《たみ》に伝えよ。
幾十億《いくじゅうおく》の民に伝えよ。
来世《らいせ》の人々に向かっても伝えよ。
地下にある者たちにも伝えよ。
「おまえたちは、魂《たましい》の牢獄《ろうごく》から、魂の煉獄《れんごく》から、
いま、解き放たれる時が来たのだ」と、
告《つ》げ知らせるのだ。
永遠の仏陀の光が、
ここに、

いまここに、
臨《のぞ》んでいるのだ。

信ぜよ。
見よ。
聴《き》け。
そして、
知るのだ、この言葉の力を。
知るのだ、この言葉の意味を。
知るのだ、この希望の福音《ふくいん》を。
すべては、ここに始まり、

すべては、ここに終わる。

永遠の仏陀を信じ切る時に、
あなたがたもまた、
永遠の生命《せいめい》として
生き続けることとなるのだ。

あとがき（旧版）

『永遠の仏陀《ぶっだ》』とは、永遠の真理《しんり》であり、永遠の法《ほう》でもある。仏陀とは、人にして、法なり。法にして、人なり。しかして、地域を超《こ》え、時代を超えた、最大《さいだい》の愛の顕現《けんげん》でもある。

本書は人類の宝である。至宝《しほう》である。

これを決して無駄《むだ》にしてはなるまい。あなたがたは、このダイヤモンドの山を無駄にしてはなるまい。それをまた、自分一人のものにしてもなるまい。

すべては、ここにある。すべての教えの本《もと》が、ここにある。すべての悟《さと》りの本が、ここにある。
いま、永遠の仏陀、あなたの前に現《あらわ》れ、あなたと共に歩《あゆ》んでいるを知ることだ。

一九九一年　七月

幸福《こうふく》の科学《かがく》グループ創始者兼総裁《そうししゃけんそうさい》　大川隆法《おおかわりゅうほう》

改訂新版《かいていしんぱん》・あとがき

ある時には、静かに淡々《たんたん》と語られ、ある時には、厳《おごそ》かに胸《むね》を打《う》つ言葉がつづられ、仏陀《ぶっだ》の説法《せっぽう》とはどのようなものであるかが、本書によって、あまねく人々に伝えられたと思う。

言葉の流れは、第5章『永遠の仏陀』に入って、激《はげ》しく、かつ、急《きゅう》となる。読者は、仏陀の奥《おく》にある「エル・カンターレ」の意識《いしき》と姿《すがた》を、一瞬《いっしゅん》、垣間見《かいまみ》ることができる。しかし、深くは理解しなくてよい。釈《しゃ》迦《か》とキリストの奥に存在る《あ》「光体《こうたい》」の煌《きらめ》きを、かすかに、感じとるだけでよい。それから後《あと》は、実在界《じつざいかい》の神秘《しんぴ》のままでよいのだ。

この十数年の活動で、何とか世紀末《せいきまつ》の闇《やみ》を打《う》ち砕《くだ》くことに成功を収《おさ》めつつあると思う。外には、ある時には華々《はなばな》しく見えたことであろうが、内にあっては、真剣《しんけん》かつ、緻密《ちみつ》かつ、着実《ちゃくじつ》な毎日の積み重ねであった。

一九九一年に語られた私の本書での呼びかけに馳《は》せ参《さん》じ、地涌《じゆ》の菩薩《ぼさつ》として身命《しんみょう》を惜《お》しまず活躍《かつやく》された、幾万《いくまん》、幾十万の光の子たちに、心からの感謝を捧《ささ》げる。

一九九九年　七月末

幸福《こうふく》の科学《かがく》グループ創始者兼総裁《そうししゃけんそうさい》　大川隆法《おおかわりゅうほう》

『永遠の仏陀』関連書籍

『太陽の法』（大川隆法 著　幸福の科学出版刊）
『永遠の法』（同右）
『仏陀再誕』（同右）
『幸福の科学の十大原理（上巻）』（同右）
『幸福の科学の十大原理（下巻）』（同右）

本書は一九九九年十月（旧版は一九九一年七月）に小社より
発刊された『永遠の仏陀』を携帯版にしたものです。

永遠《えいえん》の仏陀《ぶっだ》［携帯版］―不滅の光、いまここに―

2024年3月1日　初版第1刷
2024年10月8日　第5刷

著　者　大《おお》川《かわ》隆《りゅう》法《ほう》

発行所　幸福の科学出版株式会社
〒107-0052 東京都港区赤坂2丁目10番8号
TEL (03) 5573-7700
https://www.irhpress.co.jp/

印刷・製本　株式会社 堀内印刷所

落丁・乱丁本はおとりかえいたします

ISBN978-4-8233-0423-1 C0014
装丁・イラスト・写真 © 幸福の科学

地球系霊団の至高神　主エル・カンターレとは

すべての生命を創造され、人類を見守り続けておられる魂の親です

世界の宗教には多様な神が存在しますが、
もっと根源的な存在として、
大宇宙を創られた「創造主（根本仏）」
という御存在があります。
その創造主が、
人格を持つ地球神となられた御存在こそ、
主エル・カンターレなのです。
主エル・カンターレは、
四億年前に人類を創り、
他の星から宇宙人種も受け入れて、
地球を魂修行の場として
育み続けておられます。

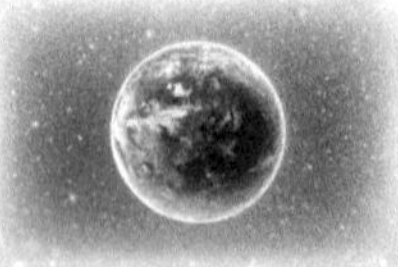

主が大川隆法総裁として降臨され、数多くの教えを説かれています

主エル・カンターレは、仏陀やヘルメスなど、
数多くの御分身《ごぶんしん》を地上に下ろし、
人類を導いてこられました。
また、大きな危機の時には、
御本体意識が下生《げしょう》されたこともあります。
三億三千万年前に「アルファ」という名で
「地球的真理」を説かれ、
一億五千万年前に「エローヒム」
という名で地上に「善悪」を立てられました。
そして三度目となる現代、
大川隆法総裁が降臨され、
未曾有《みぞう》の危機に立つ人類に向けて、
新たな法を説かれているのです。

私は、最初は「アルファ」と名乗り、
次に「エローヒム」と名乗り、
今は「エル・カンターレ」と
名乗っていますが、
その意味は基本的には同じです。
それは、「一《いつ》なるものであり、
始めなるものであり、
根源的なるものであり、光であり、
地球である」という意味です。

（大川隆法 著『信仰の法』より）

私たちの魂の親である
主エル・カンターレを信じましょう

主エル・カンターレは、
イエスが「わが父」と呼び、
ムハンマドが「アッラー」と呼んだ御存在であり、
中国では「天帝」、
日本では「天《あめの》御《み》祖《おや》神《がみ》」、
インドでは「ヴィシュヌ神」と
呼ばれるお方でもあります。
「神々の主」である
主エル・カンターレを信じることで、
人類はひとつに調和することができるのです。
私たちの魂の親にして愛の神、
主エル・カンターレを
信じましょう。
そこに本当の幸福への道が
開かれます。

主エル・カンターレと御《ご》分《ぶん》身《しん》

地球神　エル・カンターレ
El Cantare
大川隆法総裁先生
（現代）

地球の造物主
アルファ
Alpha
（3億3千万年前）

善悪の価値基準を確立した神
エローヒム
Elohim
（1億5千万年前）

ラ・ムー
［ムー大陸、約17000年前］
ムー文明の最盛期を築いた
政治家・宗教家

ゴータマ・シッダールタ
［インド、約2500年前］
人類最高の悟りを開いて
仏陀となった仏教の開祖

トス
［アトランティス大陸、約12000年前］
アトランティスに総合文化を
開花させた万能の指導者

ヘルメス
［ギリシャ、約4300年前］
「愛」と「発展」の教えを説いた宗教家にして、
地中海に一大繁栄圏を築いた王であり、
西洋文明の源流をつくった愛の英雄。

リエント・アール・クラウド
［古代インカ帝国、約7000年前］
心の内なる世界の神秘を説いた
古代インカ文明の王

オフェアリス（オシリス）
［ギリシャ、約6500年前］
ギリシャの王であり、エジプト文明の祖となった
巨大な霊能力を持つ政治的・軍事的天才

エル・カンターレ本体霊に近い御存在である
天《あめの》御《み》祖《おや》神《がみ》
Ame-no-Mioya-Gami
（日本、約30000年前）
エル・カンターレ本体霊に近い御存在の一人。
アンドロメダから大船団を率いて約20万人の人類型生命を連れて
日本の富士山麓に降り、富士王朝をつくられて、
のちにアジア全体へと広がる天御祖神文明を築かれた。

2,200円

太陽の法

エル・カンターレへの道

主エル・カンターレによって記された
『太陽の法』は、幸福の科学の
基本書かつ最重要経典。
一九八七年の発刊以来、
闇に沈もうとしている現代を照らす
希望の太陽として、二十五言語に翻訳され、
全世界で累計数千万部を超える
大ベストセラーを続けています。
一千億年前の宇宙創造、多次元宇宙の構造、
人類誕生の秘密、文明の流転、さらに、
永遠の生命、愛、悟りを説き明かし、
主エル・カンターレの使命を人類に示した、
まさに現代の聖典です。

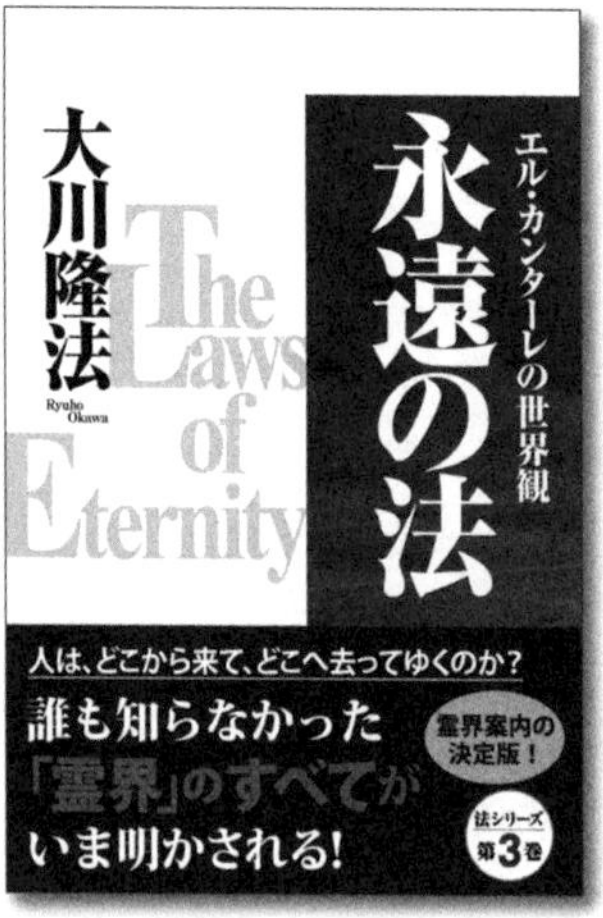

永遠の法

エル・カンターレの世界観

第1章　四次元の世界
第2章　五次元の世界
第3章　六次元の世界
第4章　七次元の世界
第5章　八次元の世界
第6章　九次元の世界

2,200円

人はどこから来て、どこへ去っていくのか――。
本書は、人類の永遠の問いに答え切った、
霊界案内の決定版です。
この世を去った霊界に広がる
「四次元幽界」「五次元善人界」
「六次元光明界」「七次元菩薩界」
「八次元如来界」「九次元救世主界」
という次元構造を
圧倒的なスケールで描くその内容は、
まさにエル・カンターレにしか説けない、
地球系霊団最高の秘密そのもの。
従来の霊界観を一変させるこの一冊が、
あなたを永遠の幸福へと誘います。

幸福の科学の十大原理

（上巻）エル・カンターレ「教えの原点」

第1章　幸福の原理
第2章　愛の原理
第3章　心の原理
第4章　悟りの原理
第5章　発展の原理

（下巻）エル・カンターレ「救世の悲願」

第1章　知の原理
第2章　ユートピアの原理
第3章　救世の原理
第4章　反省の原理
第5章　祈りの原理

各1,980円

一九八七～八八年、
幸福の科学の立ち上げの時期に説かれた、
主エル・カンターレの教えの土台となる
「原理シリーズ」。
あらゆる宗教や思想、学問を統合し、
幸福の科学が世界に広がる
原動力となった草創期の講演集です。
エル・カンターレの全人類幸福化への熱意と
救世の悲願が力強い言魂で語られた本書は、
真理探究者にとって必読必携。
人生とは？　愛とは？　心とは？
祈りとは？　神とは？
変わりゆく時代のなかで、
決して変わることがない
永遠の真理が凝縮された書です。

幸福の科学グループのご案内

宗教、教育、政治、出版などの活動を通じて、地球的ユートピアの実現を目指しています。

幸福の科学

一九八六年に立宗。信仰の対象は、地球系霊団の最高大霊、主エル・カンターレ。世界百七十二カ国以上の国々に信者を持ち、全人類救済という尊い使命のもと、信者は、「愛」と「悟り」と「ユートピア建設」の教えの実践、伝道に励んでいます。

（二〇二四年十月現在）

愛

幸福の科学の「愛」とは、与える愛です。これは、仏教の慈悲《じひ》や布施《ふせ》の精神と同じことです。信者は、仏法真理をお伝えすることを通して、多くの方に幸福な人生を送っていただくための活動に励んでいます。

悟り

「悟り」とは、自らが仏の子であることを知るということです。教学《きょうがく》や精神統一によって心を磨き、智慧《ちえ》を得て悩みを解決すると共に、天使・菩薩《ぼさつ》の境地を目指し、より多くの人を救える力を身につけていきます。

ユートピア建設

私たち人間は、地上に理想世界を建設するという尊い使命を持って生まれてきています。社会の悪を押しとどめ、善を推し進めるために、信者はさまざまな活動に積極的に参加しています。

幸福の科学の教えをさらに学びたい方へ

心を練る。叡智《えいち》を得る。
美しい空間で生まれ変わる――
幸福の科学の精舎《しょうじゃ》

幸福の科学の精舎《しょうじゃ》は、信仰心《しんこうしん》を深め、悟《さと》りを向上させる聖なる空間です。全国各地の精舎では、人格向上のための研修や、仕事・家庭・健康などの問題を解決するための助力が得られる祈願《きがん》を開催《かいさい》しています。研修や祈願に参加することで、日常で見失いがちな、安らかで幸福な心を取り戻《もど》すことができます。

総本山・正心館

総本山・未来館

総本山・日光精舎

総本山・那須精舎

東京正心館

全国に27精舎を展開。

運命が変わる場所 ――
幸福の科学の支部《しぶ》

幸福の科学は1986年の立宗《りっしゅう》以来、「私、幸せです」と心から言える人を増やすために、世界各地で活動を続けています。
国内では、全国に400カ所以上の支部が展開し、信仰《しんこう》に出合って人生が好転する方が多く誕生しています。
支部では御法話拝聴会、経典学習会、祈願、お祈り、悩み相談などを行っています。

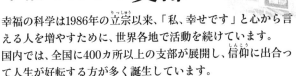

海外支援・災害支援

幸福の科学のネットワークを駆使し、世界中で被災地復興や教育の支援をしています。

毎年2万人以上の方の自殺を減らすため、全国各地でキャンペーンを展開しています。

公式サイト **withyou-hs.net**

自殺防止相談窓口

受付時間　火〜土:10〜18時（祝日を含む）

TEL **03-5573-7707**　メール **withyou-hs@happy-science.org**

視覚障害や聴覚障害、肢体不自由の方々と点訳・音訳・要約筆記・字幕作成・手話通訳等の各種ボランティアが手を携えて、真理の学習や集い、ボランティア養成等、様々な活動を行っています。

公式サイト **helen-hs.net**

入会のご案内

幸福の科学では、主エル・カンターレ 大川隆法総裁が説く仏法真《ぶっぽうしん》理《り》をもとに、「どうすれば幸福になれるのか、また、他の人を幸福にできるのか」を学び、実践しています。

入会

仏法真理を学んでみたい方へ

主エル・カンターレを信じ、その教えを学ぼうとする方なら、どなたでも入会できます。入会された方には、『入会版「正心法語《しょうしんほうご》」』が授与されます。入会ご希望の方はネットからも入会申し込みができます。

happy-science.jp/joinus

三帰《さんき》誓願《せいがん》

信仰をさらに深めたい方へ

仏弟子としてさらに信仰を深めたい方は、仏《ぶっ》・法《ぽう》・僧《そう》の三宝《さんぽう》への帰依を誓う「三帰誓願式」を受けることができます。三帰誓願者には、『仏説・正心法語』『祈願文《きがんもん》①』『祈願文②』『エル・カンターレへの祈り』が授与されます。

幸福の科学 サービスセンター
TEL 03-5793-1727
受付時間／火〜金:10〜20時　土・日祝:10〜18時（月曜を除く）

幸福の科学 公式サイト
happy-science.jp

幸福実現党

内憂外患《ないゆうがいかん》の国難に立ち向かうべく、2009年5月に幸福実現党を立党しました。創立者である大川隆法党総裁の精神的指導のもと、宗教だけでは解決できない問題に取り組み、幸福を具体化するための力になっています。

幸福実現党　党員募集中

あなたも幸福を実現する政治に参画しませんか。

＊申込書は、下記、幸福実現党公式サイトでダウンロードできます。
住所：〒107-0052
東京都港区赤坂2-10-8 6階 幸福実現党本部

TEL 03-6441-0754　FAX 03-6441-0764
公式サイト hr-party.jp

HS政経塾

大川隆法総裁によって創設された、「未来の日本を背負う、政界・財界で活躍するエリート養成のための社会人教育機関」です。既成の学問を超えた仏法真理を学ぶ「人生の大学院」として、理想国家建設に貢献する人材を輩出するために、2010年に開塾しました。これまで、多数の地方議員が全国各地で活躍してきています。

TEL 03-6277-6029
公式サイト hs-seikei.happy-science.jp

教育事業 幸福の科学グループ

仏法真理塾「サクセスNo.1」

全国に本校・拠点・支部校を展開する、幸福の科学による信仰教育の機関です。小学生・中学生・高校生を対象に、信仰教育・徳育にウエイトを置きつつ、将来、社会人として活躍するための学力養成にも力を注いでいます。

TEL 03-5750-0751（東京本校）

エンゼルプランV

東京本校を中心に、全国に支部教室を展開。信仰をもとに幼児の心を豊かに育む情操教育を行い、子どもの個性を伸ばして天使に育てます。

TEL 03-5750-0757（東京本校）

エンゼル精舎

乳幼児が対象の、託児型の宗教教育施設。エル・カンターレ信仰をもとに、「皆、光の子だと信じられる子」を育みます。
（※参拝施設ではありません）

不登校児支援スクール「ネバー・マインド」

TEL 03-5750-1741

心の面からのアプローチを重視して、不登校の子供たちを支援しています。

ユー・アー・エンゼル！（あなたは天使！）運動

障害児の不安や悩みに取り組み、ご両親を励まし、勇気づける、障害児支援のボランティア運動を展開しています。

一般社団法人 ユー・アー・エンゼル
TEL 03-6426-7797

NPO活動支援

学校からのいじめ追放を目指し、さまざまな社会提言をしています。また、各地でのシンポジウムや学校への啓発ポスター掲示等に取り組む一般財団法人「いじめから子供を守ろうネットワーク」を支援しています。

公式サイト mamoro.org　ブログ blog.mamoro.org
相談窓口 TEL.03-5544-8989

百歳まで生きる会～いくつになっても生涯現役～

「百歳まで生きる会」は、生涯現役人生を掲げ、友達づくり、生きがいづくりを通じ、一人ひとりの幸福と、世界のユートピア化のために、全国各地で友達の輪を広げ、地域や社会に幸福を広げていく活動を続けているシニア層（55歳以上）の集まりです。

【サービスセンター】TEL 03-5793-1727

シニア・プラン21

「百歳まで生きる会」の研修部門として、心を見つめ、新しき人生の再出発、社会貢献を目指し、セミナー等を開催しています。

【サービスセンター】TEL 03-5793-1727